Em 31 de março de 1810, um sábado, deixei a baía de Botafo-
o em companhia de sir
ımes Gambier, que teve
gentileza de admitir-me
n uma expedição que es-
ıva de partida para o sul
o país, co sito
e procurar ara
avio. Por volta das seis
oras da manhã, auxilia-
os por nossos criados,

Diário de uma viagem
da baía de Botafogo à
cidade de São Paulo (1810)

William
Henry May

Diário de uma viagem da baía de Botafogo à cidade de São Paulo (1810)

Tradução
Jean Marcel Carvalho França

JOSÉ OLYMPIO
EDITORA

Título do original em inglês
JOURNAL OF WILLIAM HENRY MAY, OF HIS TRAVELS, IN COMPANY WITH SIR JAMES GAMBIER, FROM BOTAFOGO BAY TO THE SOUTH OF BRAZIL

EDITORA JOSÉ OLYMPIO LTDA.
Rua Argentina, 171 – 1º andar – São Cristóvão
20921-380 – Rio de Janeiro, RJ – República Federativa do Brasil
Tel.: (21) 2585-2060 Fax: (21) 2585-2086
Printed in Brazil / Impresso no Brasil

Atendemos pelo Reembolso Postal

ISBN 85-03-00915-3

Capa: Isabella Perrotta / Hybris Design

CIP-Brasil. Catalogação-na-fonte
Sindicato Nacional dos Editores de Livros, RJ.

May, William Henry
M42d Diário de uma viagem da Baía de Botafogo à cidade de São Paulo (1810) / William Henry May; tradução de Jean Marcel Carvalho França. – Rio de Janeiro: José Olympio, 2006.
(Sabor literário)

Tradução de: Journal of William Henry May, of his travels, in company with Sir James Gambier, from Botafogo Bay to the South of Brazil
ISBN 85-03-00915-3

1. May, William Henry – Diários. 2. May, William Henry – Viagens – Brasil. 3. Rio de Janeiro (RJ) – Descrições e viagens. 4. São Paulo (SP) – Descrições e viagens. 5. Brasil – Usos e costumes. I. Título. II. Série.

CDD – 918.1
06-0222 CDU – 913(81)

SUMÁRIO

PREFÁCIO

O relato da viagem de William Henry May é um dos poucos testemunhos existentes dos costumes paulistas no início do século XIX e uma boa descrição do percurso entre Rio de Janeiro e Santos, acompanhando a costa pelo mar. Esta narrativa, ainda inédita no original inglês, foi primorosamente traduzida por Jean Marcel Carvalho França, a partir de uma cópia manuscrita que pertenceu a Robert Southey, autor de uma famosa *História do Brasil*, publicada em 1810. Sua história merece ser contada, muito mais do que em um simples prefácio que faça os merecidos elogios às suas tradução e publicação.

Esse manuscrito vivia numa gaveta de raridades da livraria Maggs Bros. de Londres, e seus proprietários não faziam a menor questão de vender qualquer uma delas, por considerá-las dificilmente substituíveis. Essa é uma característica de alguns bons livreiros antiquários, que se afeiçoam a certas obras e dificilmente se separam delas.

Tive exemplo disso justamente com esse manuscrito que, John Maggs, um dos proprietários e amigo meu, nunca me tinha mostrado, apesar de eu ser assíduo freqüentador da livraria e até receber suas ofertas por carta.

Acontece que uma vez, há cerca de 20 anos, fui com John Maggs a um leilão onde figurava uma obra que eu procurava havia muitos anos — uma edição de arte da *Língua Guarani*, do padre Montoya, publicada por índios nas missões jesuíticas do Paraguai. John me disse que não poderia aceitar um lance meu, pois já tinha recebido um lance de outro cliente. Aconselhou-me, no entanto, a ficar ao lado dele e, quando a obra atingisse o limite que lhe tinha sido dado, eu poderia continuar a disputá-la. O arranjo era satisfatório, mas acontece que o livro foi arrematado por preço abaixo do seu limite e eu nem tive tempo de fazer um lance.

John Maggs, vendo o meu desapontamento, disse-me que poderia informar o leiloeiro de que havia na sala um comprador disposto a cobrir o lance que lhe permitiu arrematar a obra. Isso, naturalmente, eu recusei, dizendo-lhe que ficaria muito aborrecido se alguém, no caso ele próprio, fizesse isso comigo, e o assunto ficou encerrado.

Voltamos à livraria e John Maggs me disse textualmente: "Você está obviamente desconsolado, mas seu *fair play* merece uma compensação." Abriu então uma gaveta (a gaveta) e me entregou o manuscrito da obra de

William H. May: "Se isto lhe interessar, vendo-o a você a título de consolo. Aceita?"

Foi assim que o manuscrito veio parar nas minhas mãos, e eu o guardei com os devidos cuidados, sempre com a idéia de uma publicação que, no entanto não cheguei a fazer.

Fica-se imaginando quanta coisa existe por aí afora, ainda por ser descoberta. É um bom incentivo à *garimpagem*.

O final da história é esta tradução publicada pela Editora José Olympio, que, com isso, presta mais um serviço à cultura brasileira. O relato é de grande interesse, pois, como já disse, existe muito pouca coisa publicada com a descrição do litoral entre o Rio de Janeiro e Santos, e, principalmente, com detalhes sobre a liberdade de costumes reinante em São Paulo, no período colonial. Isso não era novidade no Rio de Janeiro ou na Bahia, conforme relato de vários viajantes estrangeiros desde o século XVII, mas, aparentemente, surpreendeu William May, residente no Rio, por estar acontecendo em São Paulo. Se continuou a existir, creio que não me cabe indagar...

De todo modo, foi com prazer que dei a Jean Marcel o conhecimento do manuscrito, e não tenho dúvidas de que todos os estudiosos do passado paulista ficarão contentes.

José Mindlin
Outubro de 2004

APRESENTAÇÃO

São Paulo, ao contrário de algumas cidades costeiras da América portuguesa — Recife, Salvador, Santos e Rio de Janeiro, sobretudo —, não recebeu, antes da primeira década do Oitocentos, um único estrangeiro que deixasse registrada a sua visita. É verdade que os tempos não eram lá muito *convidativos* para viagens, nem pelo litoral, nem pelo interior da colônia, especialmente para os não portugueses.[1] Nunca é demais lembrar que aos tripulantes dos navios estrangeiros ancorados nas cidades costeiras do Brasil mais não era permitido do que rápidas

[1] A partir de 1591, pouco mais de uma década depois da união dos tronos de Portugal e Espanha, é proibida a vinda de estrangeiros para a América portuguesa e, em 1605, interdita-se de uma vez por todas a presença deles na colônia, estipulando-se o prazo de 12 meses para que saíssem os já residentes. Ainda que tal restrição nunca tenha sido totalmente respeitada, a presença de estrangeiros em solo brasileiro e de navios estrangeiros em seus portos tornou-se, desde então, realmente muito pequena. Daí o número reduzido de narrativas de viagem sobre a América portuguesa nesse período, a despeito da fertilidade do gênero no que diz respeito a outras partes do mundo.

visitas à terra — no período diurno e acompanhadas por um soldado local — e, em raros casos, breves passeios pelas redondezas da urbe. Longe estávamos, ainda, da liberdade desfrutada por um John Luccock, por um Saint-Hillaire, por um Rugendas ou por uma Maria Graham, visitantes do período posterior à conhecida *abertura dos portos* (1808), isto é, do período posterior à abertura do Brasil ao mundo não lusitano. Antes de 1808, era, pois, impensável para um estrangeiro ancorado numa cidade da costa brasileira deslocar-se à inacessível São Paulo, cidade situada a léguas do mar, numa região inóspita e com a reputação de ser pouco hospitaleira.

As notas breves sobre a urbe e seus moradores que encontramos em uma dezena de narrativas de viagem anteriores a 1800 são, como se pode então deduzir, exclusivamente produtos do *ouvir dizer*. Tal peculiaridade, se por um lado tem o inconveniente de privar-nos das sempre curiosas descrições *in loco*, por outro, permite-nos ter acesso não somente ao que o europeu deixou registrado sobre os paulistas, mas também, de certo modo, a uma pequena amostra daquilo que a população costeira local, junto a quem os visitantes recolhiam as suas informações, pensavam dos mal-afamados colonos metidos para além da serra do Mar.

Destarte, não seria de todo ocioso, antes de adentrarmos pela São Paulo de William Henry May, uma São Paulo já da primeira década do século XIX, passarmos rapidamente os olhos por essas *descrições* mais remotas da cidade, descrições que, vale assinalar, eram tudo que o europeu conhecia sobre a cidade e a região antes que homens como Mawe, Beyer e Saint-Hillaire publicassem seus relatos no Velho Mundo.

Excetuando uma ou outra informação contida nas cartas dos membros da Companhia de Jesus, publicadas nas coletâneas de missivas que circularam pela Europa a partir da metade do século XVI — obras como *Lettres du Jappon, Peru et Brasil* [Brésil] *envoyées au R. P. General* [Général] *de la Société de Jesus* (1578) ou *Histoire de ce qui s'est passé en Ethiopie, Malabar, Brésil, et les Indes Orientales. Tirée des lettres ecrites és* [dès] *années 1620, jusques à 1624* (1626)* —, talvez o primeiro registro consistente dos *boatos* que circulavam pela costa acerca do que seria a cidade de São Paulo e de como viveriam os paulistas tenha sido deixado por Michael Angelo de Gualtini e Dionigi de Carli, dois capuchinhos italianos que, em 1666, a caminho do Congo, passaram por Recife. Gualtini e Carli publicaram, em 1672, uma relação da sua tumultuada viagem e de suas atividades missionárias no reino do Congo, intitulada *Il Moro transportato nell'inclita cittá di Venetia, o vero curioso recconto de costumi, riti*

---

*Alguns dos títulos de documentos históricos estrangeiros estão incorretos no original. Optou-se por usar a grafia original e as supostas correções entre colchetes. (*N. do E.*)

e religione de popoli dell'Africa, America, Asia & Europa — obra que teve pelo menos cinco edições entre 1672 e 1687. Eis a breve notícia que os capuchinhos conseguiram recolher em Pernambuco sobre a ainda pouquíssimo conhecida São Paulo:

> A cidade de São Paulo e seu distrito, localizados na região mais recôndita do Brasil, é o que se pode verdadeiramente denominar de país da Cocanha. Todo estrangeiro que por lá passa, por mais miserável que seja, é sempre bem recebido e logo arranja uma mulher a seu gosto. Isso desde que se sujeite a determinadas condições, a saber: cuidar somente de comer, beber e passear e, sobretudo, não se meter com nenhuma mulher exceto a sua. Ao menor indício de traição, a mulher não hesita em envenenar o seu parceiro. Contrariamente, se a relação lhe agrada, é extremamente amorosa, disputando com as outras para ver quem mais se excede em carinhos.
>
> A riqueza dos paulistas vêm de um rio que atravessa o país, rio que é tão rico ao ponto de permitir que prestem auxílio a todo e qualquer miserável que busque socorro na região. Para tal, basta que retirem um pouco da areia desse rio e recolham o metal nela misturado. O ouro extraído dá com sobra para as necessidades e, ainda, para pagar o quinto ao rei.
>
> Contam-se muitas outras coisas curiosas e surpreendentes sobre São Paulo, porém, como não visitei

o interior do Brasil, nas vizinhanças do rio da Prata, não ousarei assegurar que são verdadeiras. Todavia, para aqueles que conhecem as maneiras contrárias ao bom senso e os costumes extravagantes deste país bárbaro, tais coisas não parecem inacreditáveis.[2]

Depois da obra dos pioneiros capuchinhos italianos, a *boataria* sobre São Paulo só voltaria às páginas da literatura de viagens pela pena de François Froger (1676-1715), um engenheiro francês que, em 1698, publicou uma pequena mas importante narrativa denominada *Relation d'un Voyage fait en 1695,1696 &1697 aux Côtes d'Afrique, Détroit* [l'Étroit] *de Magellan, Brésil, Cayenne et Isles Antilles*. Froger passou por duas cidades costeiras do Brasil entre 1696 e 1697, Rio de Janeiro e Salvador, onde ouviu o seguinte sobre os arredios moradores de Piratininga:

> A cidade de São Paulo, localizada a dez léguas do litoral, foi formada a partir da união de salteadores de todas as nações, os quais, pouco a pouco, formaram uma espécie de república onde, por lei, não se reconhece um governador. Nessa república, circundada por altas montanhas, não se pode nem entrar nem sair

[2]Utilizamos a edição francesa de 1680, intitulada *Relation curieuse et nouvelle d'un voyage de Congo*. Paris: Thomas Amaulry, pp. 39-41.

senão por um pequeno desfiladeiro. Tal passagem é fortemente guardada, pois os paulistas além de temerem o ataque dos índios, com os quais estão constantemente em guerra, receiam que seus escravos fujam. Armados de arcos, flechas e espingardas, armas que manipulam com uma destreza inigualável, o povo da cidade costuma sair em grupos de 40 ou 50 indivíduos e atravessar todo o Brasil até o rio da Prata ou mesmo até o Amazonas. Quatro ou cinco meses depois, quando retornam à cidade, esses grupos trazem consigo mais de 500 escravos, tocados como um rebanho bovino. Depois de domesticados, esses cativos são empregados no cultivo da terra ou na exploração do ouro. A propósito desse metal, os paulistas costumam encontrá-lo em tão grande quantidade que o rei de Portugal, a quem eles enviam o quinto, tira anualmente de 800 a 900 marcos. Eles pagam esse imposto não por medo, já que são mais poderosos que o rei, mas sim em razão de um costume herdado de seus pais, que, não estando ainda bem estabelecidos nos seus domínios, para se furtarem à dominação dos governadores, alegaram cuidar melhor do que esses dos interesses reais. Segundo dizem os habitantes locais, eles não são súditos do rei, mas sim tributários; situação que lhes permite livrarem-se desse jugo quando a ocasião for propícia.[3]

---

[3]França, Jean Marcel Carvalho. *Visões do Rio de Janeiro colonial (1531-1800)*. Rio de Janeiro: Editora José Olympio; Eduerj, 1999, p. 54.

Pouco tempo depois de Froger, um suposto espanhol de nome Francisco Coreal (Correal) publicou um livro em Amsterdã intitulado *Voyages de Jean François Coreal aux Indes Occidentales* (1722). Conta o aventureiro que teria nascido em Cartagena, no ano de 1648, e que desde muito cedo se viu arrebatado pelo desejo de viajar. Assim, aos 18 anos, deixou a sua terra natal e veio para o continente americano, onde, excetuando um pequeno interregno, permaneceu por 31 anos (1666-1697). Entre 1666 e 1683, Coreal percorreu a Flórida, o México, as Antilhas, a América Central e a Nova Granada. Em 1684, o aventureiro voltou à Espanha, recebeu uma pequena herança paterna e dirigiu-se para Lisboa. Nesta cidade, embarcou na "frota do Brasil", alcançando a baía de Todos os Santos em 31 de outubro de 1685. Três meses permaneceu o espanhol na cidade, partindo, em seguida, para Santos e depois para São Paulo de Piratininga.

A crer-se na sua narrativa, Coreal teria sido o primeiro europeu a visitar a cidade e a deixar registradas as impressões de tal visita. Todavia, pairam muitas dúvidas sobre a autenticidade do seu relato, que mais parece ser uma compilação de várias notícias sobre o Brasil que circulavam pela Europa, notícias recolhidas por um hábil editor holandês atento ao enorme apetite do público da época por narrativas do gênero.[4] Apesar de tais dúvidas, no entanto, o fato é que a obra traz, em se tratando de literatura de viagens do período anterior a 1800, a mais extensa e detalhada descrição de São Paulo de que se tem conhecimento. Para mais, a narrativa do espanhol teve seis edições num curto espaço de tempo (1722-1738), contribuindo, assim, significativamente, para alimentar uma certa imagem dos paulistas que começava a ganhar corpo no Velho Mundo. Acompanhemos o que diz o aventureiro espanhol:

> A cidade de São Paulo, situada no interior da capitania de São Vicente, é governada de uma maneira tão singular, que não posso deixar de referir. A urbe, distante mais de 12 léguas do mar e situada no meio de montanhas de difícil acesso — cobertas pela extensa e cerrada floresta de Paranapiacaba —, é uma espécie de república originariamente composta por toda casta de gente sem fé nem lei, obrigada pela necessidade de conservação a adotar uma certa forma de governo. Há no lugar padres e monges portugueses e espanhóis foragidos, crioulos, mestiços, caboclos (filhos de índios com negros) e mulatos. A princípio, a cidade não con-

---

[4] Acerca de Coreal e das dúvidas que pairam sobre a autenticidade de sua narrativa, ver: Carvalho, Alfredo de. *Aventuras e aventureiros no Brasil*. Rio de Janeiro: Imprensa Gráfica Editora, 1930.

tava com mais do que 100 fogos e era habitada por umas 300 ou 400 almas, aí incluídos os escravos e os índios domesticados. Nos últimos 15 ou 20 anos, esse número multiplicou-se por dez, e os habitantes se dizem agora livres e não sujeitos à autoridade portuguesa. Eles limitam-se a pagar, anualmente, à coroa, como tributo, o quinto do ouro que extraem de suas terras — esse tributo atinge a cifra de 800 marcos.

Foi a tirania dos governadores do Brasil que deu origem a esta pequena república, uma república tão ciosa de sua independência que não permite a entrada de nenhum forasteiro em seus domínios, e sua gente, ao pagar o referido tributo, tem o cuidado de frisar que não o faz nem por submissão ao rei de Portugal, nem por medo e nem tampouco por obrigação. Dizem que a região é muito rica em ouro e prata e que os paulistas estão longe de pagar o quinto de tudo o que encontram. Isso provavelmente é verdade. Todavia, como obrigar essa gente, que não só vive no meio de montanhas inacessíveis como ainda instala constantemente novas defesas naqueles lugares em que crê que a natureza é falha, a pagar tributo com lisura?

Os paulistas andam sempre em grupos de 60 e 80 homens, armados de flechas e espingardas — cujo uso conservaram. Não se sabe como fazem para obtê-las, mas o certo é que as possuem. Como têm a fama de roubar os viajantes e de acolher em seus domínios muitos escravos fugidos, é possível que as consigam por esses meios. Comenta-se que entre eles há aventureiros de todas as nações da Europa e muitos antigos flibusteiros. Comenta-se igualmente que fazem excursões de 400 a 500 léguas pelo interior do Brasil, atravessando o país do rio da Prata ao Amazonas.

Os jesuítas do Paraguai têm feito o possível para entrar nas terras dos paulistas e nelas se fixarem. Isso, contudo, até agora não foi conseguido, pois estes desconfiam muito daqueles e não são suficientemente religiosos para admitirem em seu meio nem mesmo padres respeitados em todas as partes do mundo. Quando algum forasteiro quer ingressar na república paulista, ele é sujeito, antes de ser admitido, a uma espécie de quarentena. E isso não porque tenham a intenção de purgar o visitante do ar ruim do Brasil, mas sim porque querem avaliar as suas aptidões e verificar se ele não é um traidor ou espião. Depois de prolongada vigilância, o forasteiro é enviado ao sertão, tendo de fazer longas e penosas jornadas em busca de escravos índios. Tais escravos são empregados nas minas e no cultivo da terra. O noviço que vacila durante a prova ou tenta desertar é morto sem misericórdia. Quem se junta aos paulistas o faz por toda a vida, pois é com muita dificuldade que permitem a alguém deixar os seus domínios.[5]

---

[5]França, Jean Marcel Carvalho. "São Paulo nos tempos da colônia". In: *Folha de São Paulo. Caderno Mais!*, 23/04/2000.

Mais modestas, mas igualmente interessantes, pois indicam a consolidação de um padrão, são as breves observações sobre a cidade legadas pelo bretão Guillaume François Parscau (1684-?), ou melhor, De Parscau du Plessix, um guarda-marinha, de 27 anos, que participou da invasão, tomada e saque da cidade do Rio de Janeiro, em 1711, sob as ordens do renomado René Duguay-Trouin. Du Plessix deixou um detalhado registro da aventura carioca, intitulado *Journal Historique ou Relation de ce qui s'est passé de plus mémorable dans la campagne de Rio de Janeiro par l'escadre du Roi commandés* [commandée] *par M. Duguay-Trouin en 1711*. A história da cidade de São Paulo parece ter despertado especial curiosidade do guarda-marinha, pois, mesmo em plena campanha militar, ele encontrou tempo para apurar junto aos inimigos as seguintes informações sobre os paulistas — então em guerra contra os emboabas na região das Minas:

> Os portugueses testemunharam-nos a sua inquietação com os acontecimentos que teriam lugar nas minas durante a ausência do senhor Albuquerque e suas tropas, pois estavam em guerra com os paulistas. Esses poderiam muito bem aproveitar a oportunidade para pilhar as instalações das minas, uma vez que não tinha ficado grande força para guardá-las.
>
> É preciso saber que esses paulistas são um amontoado ou mistura de todos os povos e raças, mistura em

que predomina a raça portuguesa, e que são mais ou menos como os flibusteiros. Há muito tempo, eles estabeleceram-se em uma zona do território próximo das minas, onde tem uma bela cidade chamada São Paulo, da qual tiram o nome com o qual se designam. Sempre reconheceram o rei de Portugal como seu soberano, todavia, quando o monarca quis dar-lhes um governador, opuseram-se e expulsaram o representante de Sua Majestade, constituindo uma pequena república que tem como lei fundamental nunca receber comandante da parte do rei, mas pagar-lhe, não obstante, o quinto do ouro que extraem das minas — e, pelo que se diz, são muito corretos nisso. Esse espírito de independência os tem muitas vezes conduzido à guerra. E eles a têm feito, sem, no entanto, alcançarem a liberdade almejada ou serem totalmente subjugados. Os paulistas não estão afastados do mar, o porto de Santos, no sul da costa, que passa por ser muito bom e seguro, é o seu escoadouro.[6]

Um último exemplo dos contornos da cidade de São Paulo na literatura de viagem anterior a 1800[7] vem da pena

---

[6]Id., *Outras visões do Rio de Janeiro colonial (1582-1808)*. Rio de Janeiro: Editora José Olympio, 2000, pp. 135-136.

[7]Além dos fragmentos citados, restam somente mais três comentários muito sucintos sobre a cidade, legados por William Dampier (1696), George Anson (1740) e Louis Antoine Bougainville (1767), todos no mesmo tom dos aqui citados.

não de um aventureiro ou de um navegador, mas de um renomado iluminista, o abade Guillaume Thomas François Raynal (1713-1796), autor do célebre (34 edições em menos de 20 anos) *Histoire Philosophique et Politique des Établissemans* [Établissements] *et du Commerce des Européens das* [dans] *les deux Indes* (1770). A obra, uma abrangente análise do sistema colonial europeu sob a perspectiva do pensamento ilustrado, dedica ao Brasil o livro 9°. Aí, Raynal analisa uma a uma as províncias da América portuguesa, províncias que, bem entendido, o abade jamais visitara, mas que conhecia sobretudo graças à leitura das muitas narrativas de viagem que eram então publicadas na Europa. Acerca de São Paulo, a *obra de síntese* do abade informa aos seus leitores o que se segue:

> É a 13 léguas do oceano que está a cidade de São Paulo, num clima delicioso e no meio de um campo igualmente favorável às produções dos dois hemisférios. Ela foi construída por volta de 1570, pelos malfeitores com os quais Portugal havia infestado as costas do Novo Mundo. Desde que esses celerados perceberam que queriam submetê-los a alguma ordem, abandonaram as margens nas quais o ocaso os havia lançado, e refugiaram-se num lugar afastado, onde as leis não podiam atingi-los. Uma situação em que um pequeno número de homens poderia defender-se de mais tropas do

que se poderia usar contra eles, deu-lhes a ousadia de não quererem outros senhores senão eles próprios, e o sucesso coroou sua ambição. Outros bandidos e as gerações oriundas de suas ligações com as mulheres da região, os recrutaram e aumentaram o seu número. A entrada era, pode-se dizer, severamente fechada a todo viajante na nova república. Para ser nela recebido, era preciso apresentar-se com o projeto de se estabelecer. Os candidatos eram submetidos a duras provas: os que não agüentavam essa espécie de noviciado ou gerassem suspeitas de perfídia, eram massacrados sem misericórdia; essa era também a sorte dos que pareciam querer se retirar.

Tudo convidava os paulistas a viverem na ociosidade, no repouso e na preguiça. Certa inquietude, natural a bandidos corajosos; a vontade de dominar, que segue de perto a independência; os progressos da liberdade, que levam ao desejo de um nome. Talvez todos esses motivos reunidos deram-lhes outras inclinações.

Vimo-los percorrerem o interior do Brasil de uma extremidade à outra. Os índios que lhes resistiam eram mortos, os grilhões tornavam-se o quinto dos fracos, e muitos escondiam-se em cavernas e nas florestas para evitarem o túmulo ou a servidão. Quem poderia contar as devastações, as crueldades, os crimes dos quais eram culpados esses homens atrozes? No entanto, em meio a tantos horrores, formavam-se alguns povoados que devem ser vistos como o berço de todas as colônias que Portugal tem hoje no interior das terras.[8]

Eis, em linhas gerais, o que o europeu mediamente culto sabia acerca de São Paulo. Notícias imprecisas, exageradas e de duvidosa veracidade? Aos olhos de um homem do século XX, XXI, talvez sim. Todavia, tais notícias, e é isso que realmente importa, tinham então no Velho Mundo, de tanto serem repetidas, a consistência de verdades e, em larga medida, colaboraram para moldar a percepção — e a ação — daqueles que escreveram sobre o Brasil e o visitaram antes da abertura dos portos.

Em 1812, porém, essas notícias sobre São Paulo, que, de tão utilizadas e naturalizadas, transformaram-se em lugares-comuns, começaram a entrar, digamos, em desuso. Data de então o aparecimento em Londres do bem acolhido *Viagens ao interior do Brasil*,[9] do inglês John Mawe (1764-1829), livro que contou com diversas edições na Inglaterra ao longo do Oitocentos e que cedo ganhou traduções em francês (1816), alemão (1817), italiano (1817)

---

[8] Raynal, Guillaume Thomas François. *O estabelecimento dos portugueses no Brasil*. Rio de Janeiro: Arquivo Nacional; Brasília: Editora da UnB, 1998, pp. 119-120.

[9] A edição em português mais acessível é a de 1978, publicada, em parceria, pela Editora Itatiaia e pela Edusp, na coleção Reconquista do Brasil.

e português (1820). Mawe, um comerciante em busca de enriquecimento rápido, esteve em solo brasileiro entre 1807 e 1811, passando pela capitania de São Paulo no ocaso de 1807. O comerciante dedicou um único capítulo de seu relato à cidade e à região, anotação modesta, é verdade, mas a primeira a sair da pena de um homem que vira a cidade e os seus habitante com os *olhos da própria cara*.

Depois de Mawe vieram, segundo conta a historiografia, o sueco Gustav Beyer, que passou pela cidade em 1813, os renomados naturalistas alemães Spix e Martius, visitantes de 1815, e o conhecido viajante francês Auguste de Saint-Hillaire, cuja passagem pela região data de 1819. Todos, com mais ou menos detalhes, registraram e publicaram suas impressões da cidade, dando prosseguimento àquela *reconstrução* de São Paulo no repertório intelectual europeu iniciada pelo inglês John Mawe.

Entre Mawe e Beyer, no entanto, precisamente em abril de 1810, um outro britânico curioso, de nome William Henry May, pouco conhecido da historiografia — Robert Southey, que possuía uma cópia manuscrita do seu relato, menciona-o na última parte da sua renomada *História do Brasil* —, esteve na cidade de São Paulo e também deixou um registro detalhado da sua visita: um manuscrito intitulado *Journal of William Henry May, of his travels, in company with sir James Gambier, from Botafogo Bay to the South of Brazil*. O manuscrito de May, inédito até então, não pôde exercer qualquer influência sobre o público coetâneo, o que é de lamentar, na medida em que se trata de uma pouco extensa mas detalhada relação de viagem, deixada por um observador razoavelmente atento e, em virtude de deslocar-se em companhia do cônsul inglês, muito melhor acolhido e enfronhado nos lugares por onde passou do que o seu conterrâneo e antecessor John Mawe.

Mas quem era o senhor William Henry May e qual o intuito de sua aventura até a distante e então pouquíssimo visitada São Paulo? Pouco conseguimos apurar sobre esse inglês que, segundo consta numa correspondência do Consulado Inglês no Brasil, era um comerciante estabelecido no Rio de Janeiro. Do seu diário, quase nada se pode extrair, salvo que a viagem resultou de um convite do cônsul inglês sir James Gambier, que organizara uma expedição para ir à procura de madeiras que pudessem ser úteis para a indústria naval britânica.

Gambier, que serviu no Brasil entre 1808 e 1811, parece ter sido, pelo pouco que se conhece de sua atuação no país, uma figura singular. Lorde Strangford,[10] então responsável pelos negócios ingleses no Brasil, acusa-o de

[10] Acerca das impressões que tinha Strangford do seu subordinado, ver: Manchester, Alan K. British *Preëminence in Brazil*. Nova York: Octagon Book, 1972, pp. 81-82.

enxerido e sedento por aparecer na corte de d. João VI. A senhora Elizabeth Macquarie, de passagem pelo Brasil em 1809 e por ele recepcionada, comenta que levava uma vida *quase suntuosa*, vida que a sua própria esposa, ao invés de condenar, parecia *naturalmente inclinada a apreciar*.

Foi em companhia desse cônsul esnobe e um pouco exibicionista — como se verá pela narrativa — que William May, em abril de 1810, saiu do Rio de Janeiro, passou pela ilha Grande, por Santos e subiu a serra do Mar rumo a São Paulo, cidade em que permaneceu pouco menos de duas semanas. Ao retornar, o *aventureiro*, depois de deixar Santos, fez uma longa parada em São Sebastião — sempre em busca das tais madeiras —, passou rapidamente pela ilha Grande e rumou num bote para Sepetiba, de onde, a cavalo, voltou para o Rio de Janeiro.

Sessenta dias durou a descontraída e — por que não dizer?— recreativa viagem de May pelas plagas de São Paulo; dias coloridos e movimentados, cujo registro, por certo, não desapontará o leitor.

Jean Marcel Carvalho França

NOTAS SOBRE A TRANSCRIÇÃO PALEOGRÁFICA

Documento autógrafo,[11] contendo 61 páginas numeradas no alto à esquerda, de autoria de William May, escrito em inglês e datado de 1810. O volume mede 20 centímetros por 16 e está encadernado em couro marrom.

O manuscrito não apresenta problemas de manchas ou corrosão da tinta. O texto é escrito apenas na frente das folhas, cujos versos permanecem em branco. Apresenta divisão de parágrafos, espaço interlinhas regular e

[11]Durante a transcrição, não dispunha de fontes que permitissem estabelecer se este é o documento autógrafo de William May ou, mais provavelmente, uma cópia do seu diário, feita não se sabe por quem. Há uma nota datilografada, guardada com o manuscrito, onde se lê, entre outras coisas, que Southey, em carta de 28 de novembro de 1814, endereçada ao seu tio Reverendo Herbert Hill, afirma ter providenciado uma transcrição do diário de May, aparentemente feita por alguém a seu pedido: "...William May was at St. Paul's and I had his *Journal* transcribed." (Warter, John Wood, ed. — *Selections from the correspondence of Robert Southey*, Londres, Longmans, 1856, II-179.)

separação clara das palavras entre si . Quase todas as páginas trazem o mesmo número de linhas: 23. É manuscrito em letra inglesa cursiva redonda e de escrita destrógrada. Há uniformidade na grafia das palavras e o desenho das letras é claro e preciso. Esses fatores e a quase ausência de abreviaturas — que se reduzem praticamente apenas aos pronomes de tratamento, pontos cardeais e mais umas poucas palavras — fazem com que o texto seja de fácil leitura, exceção feita a certas palavras escritas no final de algumas linhas, que aparecem comprimidas e inclinadas para baixo.

A quebra de palavras, de uma linha para a outra, nem sempre é assinalada, mas quando o é, o autor geralmente usa o hífen (-) e, no início da linha seguinte, o sinal de igual (=). Os seguintes sinais de pontuação são usados no texto: ponto, vírgula, ponto e vírgula e dois pontos. As abreviações são indicadas por um ponto (ex. *Cap^{n}.*). As letras não têm adornos (apexes, volutas ou esporões).

Foi feita uma transcrição diplomática do documento manuscrito. As abreviaturas foram desenvolvidas e completadas segundo a forma mais usada no texto.

Cristina Antunes

BIBLIOGRAFIA

BEYER, Gustav. "Viagem à São Paulo no verão de 1813". In: *Revista do Instituto Histórico Geográfico de São Paulo*, vol. XII, 1907, pp. 275-311.

FRANÇA, Jean Marcel Carvalho. *Outras visões do Rio de Janeiro colonial*. Antologia de textos. Rio de Janeiro: Editora José Olympio, 2000.

——. *Visões do Rio de Janeiro colonial*. Antologia de textos *(1531-1800)*. Rio de Janeiro: Eduerj/Editora José Olympio, 1999.

FREYRE, Gilberto. *Ingleses no Brasil*. Rio de Janeiro: Topbooks Editora, 2000, 3ª ed.

MANCHESTER, Alan K. *British Preëminence in Brazil*. Nova York: Octagon Books, 1972.

MAWE, John. *Viagem ao interior do Brasil*. São Paulo: Editora da Universidade de São Paulo; Belo Horizonte: Editora Itatiaia, 1972.

SAINT-HILLAIRE, Auguste de. *Viagem à província de São Paulo*. Belo Horizonte: Editora Itatiaia Limitada; São Paulo: Editora da Universidade de São Paulo, 1976.

SPIX, Johann Baptist von; MARTIUS, Carl Friedrich Phillip von. *Viagem pelo Brasil*. Belo Horizonte: Editora Itatiaia Limitada; São Paulo: Editora da Universidade de São Paulo, 4ª ed., 1981, 3 vols.

TAUNAY, Afonso de E. *Non Ducor, Duco*. São Paulo: Tipografia Ideal, 1924.

WALTER, John Wood (org.). *Selections from the Correspondence of Robert Southey*. Londres: Longmans, 1856.

Diário de uma viagem da baía de Botafogo à cidade de São Paulo (1810)

Em 31 de março de 1810, um sábado, deixei a baía de Botafogo em companhia de sir James Gambier, que teve a gentileza de admitir-me em uma expedição que estava de partida para o Sul do país, com o propósito de procurar madeira para navio. Por volta das seis horas da manhã, auxiliados por nossos criados, subimos a bordo do *Fanny*, onde encontramos o capitão Taylor tomando café com o tenente do brigue de guerra *Nancy*, o tenente Kilwick, que havia sido designado para nos acompanhar.

O *Fanny*, quando o alcançamos, acabara de levantar ferro e encontrava-se a cerca de uma légua do forte de Santa Cruz. Ao abordá-lo, nosso bote roçou contra a sua lateral e sofreu algumas avarias. Tal acidente atrasou-nos um pouco, mas não trouxe maiores conseqüências, a não ser uns pequenos danos no bote e alguma água sobre as bagagens que lá se encontravam.

Navegamos, então, auxiliados por uma leve brisa, em direção à ilha Grande. Logo descobrimos que tínhamos uma grande vantagem sobre o *Nancy*, o que nos levou a navegar à meia-vela. Avistamos, então, flutuando a estibordo, a aproximadamente 50 jardas de distância, uma tartaruga. Imediatamente, paramos e enviamos um bote para capturá-la. O animal, porém, percebeu a aproximação do bote e bateu em retirada, o que, conseqüentemente, levou nossa empreitada ao fracasso. Às três horas da tarde, Kilwick subiu a bordo para almoçar conosco e permaneceu em nossa companhia até o ocaso, quando pudemos ver, a quase cinco léguas de distância, a ilha Grande e a ilha de Marambaia.

No dia 1º de abril, avançamos pouco, pois o vento estava contrário e muito escasso. O *Nancy* continuava tão atrás que não conseguíamos sequer contatá-lo. Ao amanhecer do dia 3 de abril, constatamos que, durante a noite, tínhamos sido arrastados para uma posição consideravelmente distante daquela em que nos encontrávamos no dia anterior e que, para retornar a esta, despenderíamos, devido às más condições do vento, toda a manhã. Observamos, a estibordo, um brigue português que parecia espreitar nossos movimentos e que, pelo seu comportamento suspeito, nos levava a supor que estava ali exatamente com este propósito. Logo que soprou uma brisa, no entanto, deixamo-lo consideravelmente para trás.

O *Nancy*, durante todo o dia, manteve-se atrás a uma distância de duas léguas. Por volta das três horas da tarde, navegamos de sul para oeste em um fundo de 14 jardas, tendo à esquerda o extremo leste da ilha Grande — cerca de duas milhas de distância — e, à direita, a ilha de Marambaia. Pudemos, ainda, distinguir as montanhas da Gávea e o Pão de Açúcar, a mais ou menos 50 milhas. Às cinco horas, o mestre do porto subiu a bordo acompanhado de um soldado, que foi despachado para o povoado, situado a umas seis léguas, com ordens de comunicar ao comandante do distrito a nossa chegada. O mestre permaneceu a bordo e fez as vezes de piloto até que ancorássemos em frente ao povoado; o que ocorreu somente no entardecer do dia seguinte.

Enquanto o vento soprou favoravelmente, seguimos nosso curso pelo canal entre a ilha Grande e a terra firme. Quando começava a escurecer, ancoramos, com um fundo de dez jardas, próximo à ilha do Peito de Abraão, depois de passar entre a bela baía do Saco das Palmas, à esquerda, e a ilha do Meio, à direita. O entardecer estava soberbo. O sol, pondo-se atrás das montanhas, tingia com as mais pitorescas cores a paisagem composta por diversas montanhas, umas elevando-se sobre as outras, e as mais altas com os picos encobertos pelas nuvens. Para os lados de tais montanhas, vimos muitas terras cultivadas com cana-de-açúcar. O contraste entre essas plantações e o verde escuro das florestas situadas ao fundo causava um belo efeito.

Há duas ou três ilhas muito férteis na entrada do canal, nas quais conseguimos descobrir uma ou outra pequena cabana. De fato, tais construções, em razão de sua peculiar localização e de sua aparência exuberante, acabavam por acrescentar muita beleza à paisagem como um todo. Lamentei muito não ter qualquer talento para o desenho, quando sir James me pediu que traçasse um esboço dessa cena esplendorosa.

Fomos interrompidos pelos gritos dos marinheiros anunciando o lançamento da sonda, que variava entre 14 e 10 jardas, num espaço de uma légua e meia. O *Nancy* encontrava-se tão atrás que mal podíamos avistá-lo. Içamos, então, uma luz para servir-lhe de guia, caso resolvesse aproximar-se do porto durante a noite.

Na manhã seguinte, 3 de abril, levantamos âncora, pois ainda estávamos a cinco léguas do povoado que, embora situado no continente, tem, em razão da ilha em frente, o nome de Vila Grande. O vento soprava muito fraco, mas a maré, em larga medida, carregou-nos. Estávamos todos ainda boquiabertos com a deslumbrante vista da ilha, que se encontrava à esquerda da embarcação. Pudemos divisar várias moradias, engenhos de açúcar e plantações de cana. O calor estava muito opressivo, com o termômetro, no convés, marcando 21° às sete horas da manhã.

O mestre do porto, que ainda nos acompanhava, explicou-nos que o lugar produz açúcar, arroz, índigo etc. Explicou-nos, também, que o mercado dos produtos mencionados dependia muito do mercado do Rio de

Janeiro e que, em média, lá se praticavam preços 14% mais altos do que ali. O mestre contou-nos umas outras tantas coisas interessantes, mas nada que se equiparasse à história de sua própria vida.

Ele aparentava ter uns 55 anos, era de compleição robusta, mas estava bastante carcomido pelo tempo. Há mais de 20 anos servia como mestre do porto de ilha Grande — atividade que o obrigava a visitar todos os navios que entravam no porto e a relatar tudo ao comandante. Durante todo esse período, ele não havia recebido um único emolumento ou pagamento pelos seus serviços. Após a chegada do Príncipe ao país, ele enviou ao Príncipe de Espanha, que estava à testa do departamento naval, um relatório sobre o seu caso e sobre a extensão dos serviços que prestava, solicitando ou uma pensão que lhe permitisse sobreviver ou, caso isso fosse considerado excessivo, ao menos permissão para retirar-se do posto e trabalhar para si próprio. Ambos os pedidos foram negados e ele continuou no posto — cujo abandono pode sujeitá-lo ou ao degredo para Angola ou à servidão nas galés —, tendo de providenciar seu próprio uniforme e tudo o mais de que tem necessidade; seu único meio de sobrevivência é a renda proveniente do trabalho de 12 escravos de sua propriedade. O almirante de Courcy, quando visitou ilha Grande, interessou-se profundamente pelos méritos do caso e prometeu relatá-lo ao conde de Linhares, na esperança de ver amparado esse homem digno.

Despendemos a maior parte do dia subindo o canal O vento estava terrivelmente escasso e, conseqüentemente, não conseguimos ancorar diante do povoado antes das três horas da tarde. Foi quando o *Nancy* alcançou-nos e ancorou entre nós e o povoado. Ficamos sabendo pelo mestre do porto que era um acontecimento bastante incomum a ancoragem de um navio tão grande quanto o nosso em frente ao povoado e que, até onde ele podia se lembrar, nunca tinha visto as lanchas portuguesas passarem pelo canal. Isso pareceu-nos extraordinário, na medida em que a profundidade do lugar é muito boa, variando, ao longo de todo canal, entre 10 e 16 braças de água, sobre um fundo de excelente barro firme. Lançamos a sonda a uma légua marítima da Pedra de Saracura e 13 braças de linha não atingiram o fundo.

Estávamos, agora, entrando de noroeste para oeste, em direção à Vila Grande, com a baía de Mangaratiba à direita. O porto, como um todo, tem boas condições e parece bastante bem protegido. O *Serveillante*, o *London* e o *Foudroyant*, em diferentes circunstâncias, passaram por este porto, mas todos ancoraram próximo ao Peito de Abraão, não se aventurando a avançar mais para oeste da ilha. A propósito desta, que conta com três mil habitantes, seu cumprimento é de cerca de quatro léguas e sua largura, mais ou menos duas léguas.

Acompanhei sir James em terra com o propósito de passearmos pelas imediações do povoado. Era tarde e ele não queria ir cumprimentar o comandante sem ter sido convidado. Todavia, durante a nossa caminhada, encontramos o comandante com toda a sua comitiva e ficamos sabendo que andavam a nossa procura — gesto que muito agradou sir James. O comandante aparentava ter uns 55 anos de idade, revelava maneiras de um cavalheiro e falava francês. Depois de mostrar-nos o povoado, que era extremamente simpático, ele conduziu-nos a sua casa, uma miserável habitação portuguesa, sem forro nos quartos e com a mobília em completa desordem. Entreguei-lhe a minha carta de apresentação, dada pelo almirante, e sir James enredou-lhe rapidamente numa conversação, cujos resultados e prováveis conseqüências parecem ter deixado sir James bem satisfeito.

O comandante, a seguir, apresentou-nos a sua esposa e a sua garotinha, as quais, acomodadas em um sofá, em frente a uma mesa de chá com todo aparato, receberam-nos com enorme receptividade. A senhora tinha cerca de 30 anos, as feições regulares e uns belos olhos negros, franjados por longos cílios negros. A única língua que falava era o português, de modo que encontramos alguma dificuldade para retribuir os seus cumprimentos. Em certos momentos, todavia, esforçamo-nos por entendê-la e notamos, pela maneira como lançava suas olhadelas, que não era insensível ao poder de seus encantos. Ela não era, é bom que se diga, propriamente uma senhora encantadora, mas tinha uma certa graça.

O comandante fez de tudo para entreter-nos: mostrou-nos a sua coleção de minerais, que contava com algumas espécies de ferro bastante raras, encontradas nas montanhas da vizinhança; mostrou-nos também algumas espécies de cânhamo e um fio do país, que parece muito bom — a linha é forte e bem fiada. Retiramo-nos para o navio com a promessa de que ele e sua esposa viriam a bordo, no dia seguinte, jantar conosco.

No dia 4, de manhã bem cedo, sir James desembarcou para visitar o coronel. O céu estava muito nublado, e Kilwick subiu a bordo do *Fanny* para tomar café e esperar comigo por uma melhora no tempo para, um pouco mais tarde, irmos encontrá-los. Sir James conversou longamente com o coronel acerca das tais madeiras e teve, dentro das suas expectativas, bastante sucesso, vendo respondidas várias das questões que lhe colocara em diálogo anterior.

Perambulamos, nesse meio tempo, pelo povoado. O lugar oferece uma bela vista do mar, o que quase esqueço de comentar. Ele situa-se no centro de uma praia que lembra a forma de um pequeno saco, tendo, bem à sua frente, duas belas ilhas e, a alguma distância, umas outras tantas; o pano de fundo é a ilha Grande. Eis a vista que se tem do povoado.

Os arredores são encantadores. Há algumas construções no sopé de belas montanhas, montanhas muito bem arborizadas, mas salpicadas aqui e ali por pequenas manchas brancas. A região parece fértil e bem cultivada, passando muito mais idéia de felicidade e prosperidade do que de grandeza. Aprendi mais com essa experiência do que com aquilo que li em Montpellier.

Há dois conventos no lugar agradavelmente situados nos arredores do povoado, um dos quais está meio acinzentado em razão do desgaste do tempo. Há, ainda, uma capela e um pequeno forte — este bastante ineficiente, pois os seus poucos canhões estão em péssimo estado, metade deles, inclusive, desmontada. O lugar, todavia, é muito bem protegido pela natureza.

O povoado conta com somente duas ruas, que correm em paralelo, e com cerca de 1.500 habitantes. O solo é bom e seco, e toda a região, bastante saudável. As casas, na sua maior parte, são caiadas e parecem mais limpas do que as do Rio de Janeiro, ainda que infinitamente menores. Há algumas lojas onde, pelo que observei, são vendidos sacos, roupas, linho branco e algodão estampado. Penso, no entanto, que o movimento do comércio local deve ser mínimo, dado que, excetuando os domingos e os dias de festa, quando a maioria dos habitantes do distrito de ilha Grande se reúne para assistir à missa e a outras cerimônias religiosas, não há ninguém no povoado.

As pessoas daqui parecem muito mais civilizadas, hospitaleiras e gentis do que as do Rio de Janeiro. São, na sua maioria, homens bem nascidos, de tez morena, mas pertencentes a uma raça clara — na verdade, há muito poucos escravos ou negros na região. Excetuando a família do coronel, não existe nenhuma pessoa de distinção no lugar, sendo a maior parte das gentes comerciantes e agricultores ignorantes. Tal característica necessariamente amesquinha esta sociedade; o coronel e sua esposa queixaram-se amargamente desse mal.

Estávamos, Kilwick e eu, apreciando enormemente o passeio pelo povoado e, vendo que sir James conversava animadamente com o coronel, resolvemos visitar o forte. Ali encontramos um desertor do navio *Foudroyant*, um tal não-sei-o-que O'Kelly, intérprete do almirante de Courcy. O desertor brindou-nos com um discurso muito eloqüente sobre as suas desgraças e implorou-nos que intercedêssemos a seu favor junto ao almirante. Imediatamente, enviamo-lo para bordo do *Nancy*. Voltamos também ao navio, deixando sir James em companhia do coronel e de sua esposa, os quais se comprometeram a vir jantar conosco. O tempo, porém, estava muito instável, e sir James acabou por retornar sozinho.

No dia 5, tivemos um bocado de chuva. Malgrado o mau tempo, no entanto, às dez horas da manhã, desembarcamos, pedimos um guia ao coronel e saímos em busca de alguma caça. O sucesso que alcançamos nessa empreitada foi bem menor do que a extensão de terreno que tivemos de percorrer, terreno que incluía três ou quatro elevações. Nada encontramos a não ser uma narceja e uns pássaros pouco comuns, que abatemos. Fomos, no entanto, compensados pela beleza da região por que passamos: as florestas não eram desprovidas de grandes árvores e a região cultivada pareceu-me a mais viçosa que vi até então. O guia contou-nos que as matas eram habitadas por onças e porcos-do-mato. Contou-nos também que, em noite de lua cheia, os porcos desciam em bandos ao vale, e a população, nessas ocasiões, armava-se de lanças e cães para capturá-los, matando, num único dia, 40 a 50 deles. As onças, segundo o guia, geralmente atacavam o gado no pasto, mas raramente atacavam um homem, exceto se esse estivesse sozinho e desacompanhado de seus cães. Fomos, contudo, aconselhados por ele a não permanecer na mata até tarde e a retornar para o povoado antes do anoitecer. A chuva caía forte e o coronel pressionou-nos a passar a noite em sua casa. Recusamos, embora sem muita convicção, pois estava muito escuro. Acabamos por retornar somente às nove horas da noite, quanto jantamos.

No dia 6, o tempo continuou muito desfavorável e permanecemos a bordo, pondo em dia os nossos diários. Ao entardecer, entretanto, o tempo clareou, e Kilwick, acompanhado do senhor Barrington, do *Nancy*, veio jantar conosco.

Às sete e meia da manhã do dia 7, o termômetro marcava abaixo dos 19º e o clima estava delicioso. Decidimos que era um bom momento para tentarmos, uma segunda vez, nossa sorte com as narcejas. Analisamos e concluímos que a razão pela qual, há dias atrás, não conseguimos abatê-las tinha sido a escuridão. É bastante singular que as pessoas desse país, mesmo no Rio de Janeiro, desconheçam a narceja e sequer se recordem do seu nome. O coronel, sendo europeu, conhecia-as um pouco melhor que os outros, e denominava as aves que abatêramos *piocucas*. Imediatamente dirigimo-nos para a região das narcejas, a cerca de uma légua do povoado e, depois de despender toda uma manhã, conseguimos abater sete delas. Billy, o cão de caça de sir James, comportou-se admiravelmente.

Retornamos à cidade e convencemos o coronel a acompanhar-nos a bordo para jantar; sua esposa estava ligeiramente maldisposta e privou-nos do prazer de sua companhia. Logo que embarcou, o coronel mostrou-se um pouco alterado, seu rosto ficou pálido, depois vermelho e assim sucessivamente. Foi quando revelou-nos que estava maldisposto e pediu-nos encarecidamente para retornar à terra. Em razão de tal contratempo, o jantar foi apressado, pois temíamos assistir a uma demonstração do quão verdadeira era a indisposição enunciada pelo coronel. Por sorte, havia um barco por perto e ele deixou o navio. Uma hora mais tarde, recebemos uma mensagem extremamente educada de sua parte, acompanhada de alguns belos presentes de caça: um galo-do-mato —que se parece muito com um galo preto de New Forest —, uma correia de pombos, alguns papagaios e dois pássaros desconhecidos.

Realmente, a educação e a genuína delicadeza desse homem são impressionantes. Ficamos sabendo, mais tarde, que ele diariamente dava ordens aos caçadores para que fossem às montanhas capturar cervos ou outra qualquer caça para nós. A sua liberalidade chegou a tal ponto que ele se recusou a aceitar alguns porcos em pagamento de três novilhos e outros mantimentos que enviara para o uso do *Nancy* e do *Fanny*. Tais características são extremamente raras entre os portugueses, razão pela qual não se pode deixar de elogiar a hospitalidade e a bondade desse homem.

No dia 9, um domingo, decidimos visitar uma propriedade do coronel que estava à venda, situada a cerca de quatro léguas do navio e provavelmente à mesma distância do povoado. Desembarcamos para pedir-lhe que nos enviasse um guia, pedido que rapidamente foi atendido. Sir James, Kilwick e eu seguimos num escaler, e os criados, logo atrás, num bote. Dirigimo-nos para a ponta sudoeste da ilha Grande e navegamos pelas duas mais encantadoras baías, ou peitos — em virtude de formarem a figura de um oito —, que se pode imaginar.

Há duas ou três ilhas para o lado do mar aberto que parecem bem cultivadas, maioritariamente com cana-de-açúcar. A terra firme, que está à direita, proporcionou-nos sucessivas vistas agradáveis, compostas por terras cultivadas, matas escuras, quedas de água, árvores grandiosas e habitações pitorescas. O todo configurava um cenário rico e vivo, o mais parecido, entre todos os que vi na América do Sul, com a lembrança que tenho de uma paisagem italiana. O dia estava maravilhoso. Sir James tinha terminado os seus negócios na ilha Grande e mostrava-se muito contente com os resultados alcançados. A região tinha uma aparência alegre e a luz do sol caía sobre nossas cabeças. Tudo isso nos levou a despender algum tempo ora cantando, ora conversando animadamente sobre aquelas coisas e pessoas que mais interesse tinham despertado em cada um.

Por volta das três da tarde, alcançamos o nosso destino: um belo rio. A propriedade do coronel situava-se em uma das margens. O rio corria placidamente entre duas margens completamente cobertas por árvores. Havia nele algo de muito semelhante ao rio Severn, que corre abaixo de Worcester; ambos, inclusive, têm a mesma largura. Por vezes, deixamos o caminho que seguíamos e penetramos um pouco na mata para examinar o solo, que é de ótima qualidade e adequado para o cultivo.

Levamos as armas conosco e, vez ou outra, encontramos uns pássaros coloridos e muitos papagaios. Abatemos alguns destes para comer no dia seguinte e preservamos as penas. A propriedade do coronel não está cultivada, mas é plana e bem servida de água — um de seus limites é um rio totalmente navegável. Trata-se de uma valiosa porção de terra, que não requer muito esforço para ser cultivada e passar a produzir quase de tudo.

O sol estava se pondo e fomos gratos à luz da lua que, refletindo lindamente sobre as águas e nas montanhas da vizinhança, guiou-nos até o nosso barco através dos mais intrincados caminhos. O povo do lugar, que se ajuntou em torno de nós logo que saímos do rio, estava espantado com a nossa decisão de, em tão adiantada hora, seguir adiante. Usaram de toda a sua eloquência para persuadir-nos a ficar até a manhã do dia seguinte, quando, como chegaram a prometer, iríamos nos divertir muito caçando. Estávamos, porém, determinados a agir de outra maneira e, por volta das nove horas da noite, sossegadamente alcançamos nosso navio e alegremente sentamo-nos para comer.

Na manhã seguinte, dia 9, desembarcamos para despedir-nos do coronel e de sua família, não sem antes dar ordens para o navio zarpar e aproximar-se o máximo possível do extremo sul da ilha Grande, onde iríamos encontrá-lo. Fomos muito bem recebidos pela família do coronel, que lamentou realmente a nossa partida. Pedi-lhe algumas informações acerca do que se produz na região — a resposta já deixei registrada alhures. Pedi-lhe, também, que me desse um pouco de café, para que pudesse compará-lo com aquele que vimos no *Root Market*. Ele ordenou que um grande saco, contendo 40 libras do produto, fosse colocado junto com as nossas provisões. Sir James comprou uma bela cabra para termos leite a bordo e deixamos o povoado para encontrar o navio.

O vento estava escasso e o navio avançava pouco. Ao entardecer, porém, soprou uma brisa e colocamo-nos fora da ilha à espera do *Nancy*. Durante a noite, faltou-nos vento, e a ondulação estava excessiva. Ficamos numa situação perigosa, pois encontrávamo-nos muito próximos da costa.

Na manhã seguinte, dia 10, a ondulação ainda se fazia sentir e continuávamos sem vento. Todavia, às 11 horas da manhã, soprou uma brisa e pusemo-nos a caminho. O *Nancy* assumiu o comando. Dispondo, a bordo, de bons mapas e contando com um vento favorável, tínhamos esperança de alcançar São Sebastião antes do anoitecer. Logo constatamos que isso seria impossível e decidimos seguir direto para Santos.

No dia 11, avistamos ao longe as terras altas de Santos, mas como não sabíamos a direção em que corre a baía, ficamos hesitantes em tentar uma aproximação — sobretudo quando Kilwick fez um sinal de que estávamos muito a sul —, até que encontramos, exatamente como vem descrito na nossa carta, um grande rochedo branco, a cerca de quatro léguas a sudoeste da barra. Resolvemos, então, sem hesitação, rumar para a barra; jogamos a sonda a umas quatro léguas da costa e encontramos fundo com 40 jardas de linha. Ao entrarmos na baía e ancorarmos debaixo de um grande penhasco situado a sul, por volta das seis horas da tarde, o fundo, que vinha decrescendo gradualmente, era de cinco jardas.

Kilwick vinha logo atrás de nós. Ao nascer da lua, levantamos âncora e tentamos contornar o cotovelo a O.N.O.,* onde se encontra uma fortaleza à qual, ao primeiro vento da manhã, pediríamos auxílio para chegar à cidade de Santos. O plano, entretanto, falhou, e fomos obrigados a lançar âncora novamente durante a noite.

A baía, que se encontra a três léguas da cidade de Santos, parece ser extremamente segura e concebida para acolher navios de linha, pois, por toda parte, o fundo é de cinco jardas ou um quarto disso. A aproximação dá-se por meio de uma passagem que coincide com o curso regular de um rio. A extensão a percorrer, em linha reta, não ultrapassa uma milha.

No dia 12 de abril, o comandante da fortaleza enviou um piloto para conduzir-nos pelo rio acima. O lado sudoeste da ilha de Santo Amaro forma a margem direita desse rio, que se encontra com o rio Bertioga, em Santos, ligando a cidade à ilha. Tivemos uma dificuldade enorme para ultrapassar o forte, pois o vento soprava contrário e com intensidade, e havia uma poderosa correnteza contra nós. Acabamos por despender o dia todo tentando conduzir a embarcação cerca de uma milha e meia pelo dito canal. Ao entardecer, resolvemos ancorar e esperar por um vento favorável no dia seguinte. Tomamos conhecimento de que todas as embarcações que entram

*Ponto cardeal Oeste-Norte-Oeste. (*N. do T.*)

nesse canal enfrentam o mesmo problema. É comum serem gastos três dias entre a primeira ancoragem, próxima ao forte, e a chegada à cidade, situada a três milhas.

Ambas as margens do rio são extremamente planas e bastante pantanosas. As altas montanhas de São Paulo podem ser vistas ao fundo. A região, porém, não apresenta nenhuma beleza notável e nem terras cultivadas. O rio, propriamente dito, é bastante agradável, quase tão vasto quanto o rio Tâmisa nas proximidades de Kew e navegável por navios de considerável arqueação. Creio mesmo ser possível a um navio de linha alcançar a cidade de Santos, diante da qual a navegação é pouco praticada.

Deixamos a embarcação ao entardecer e seguimos em um bote para Santos, a cerca de duas léguas. A cidade, que conta com mais ou menos cinco mil habitantes, é aparentemente bem construída. Todavia, como está situada num terreno baixo, circundado por pântanos e constantemente sujeito à neblina e à umidade, é assolada por sezões.

Fomos cumprimentar o governador e sua família, formada pela esposa, três filhos e três filhas. O velho cavaleiro mostrou-se extremamente relutante em dar-nos qualquer informação, comportamento que atribuímos à sua extrema ignorância e falta de curiosidade. A bem da verdade, esse senhor foi uma das pessoas mais estúpidas com que deparei, sobretudo quando o assunto era a região que visitávamos. Ele não sabia a localização latitudinal do lugar e nem mesmo os limites do território que governava. Quão diferente foi o que encontramos em ilha Grande!

O governador era um homem totalmente destituído até mesmo daquelas gentilezas que sempre se espera de um português. Pareceu-nos que nem à própria família, que acabava de chegar da Inglaterra, depois de ter saído de Portugal por temer os franceses, ele dava muita atenção. Eis a primeira impressão que tivemos desse cavaleiro, a quem rapidamente deixamos para retornar ao navio.

No dia 13, fomos favorecidos por uma brisa suave, que nos deu a esperança de alcançar a cidade, situada a quatro ou cinco milhas distante, no decurso de uma hora. Todavia, a correnteza estava tão contrária a nós e tivemos tanta dificuldade em vencê-la que, embora com a ajuda, vez ou outra, de uma brisa excelente, acabamos por lançar âncora diante de Santos somente ao entardecer. A força da dita correnteza é realmente notável e, para superá-la, é necessária a ajuda de bóias e espia. Todavia, não há recursos desse gênero em nenhuma altura do rio, o que nos obrigou a contar somente com os nossos esforços e com a ajuda ocasional de uma brisa.

Sir James Gambier tomou o leme por volta das dez horas da manhã e guiou-nos, com muito cuidado e habilidade, até a ancoragem, que se deu às cinco horas da tarde. A empresa não era nada simples, pois a potência da correnteza formou diversos sulcos no rio, os quais, para serem percorridos em direção contrária, exigiam muita precisão do piloto; para mais, como o vento estava demasiado escasso, era necessário bem aproveitar toda e qualquer aragem, posicionando o leme com exatidão. Sir James, contudo, ansioso por concluir o que começara, esmerou-se na realização da empreitada e, para espanto de todos aqueles que lhe davam crédito por outras peripécias mas desconheciam os seus talentos de piloto, saiu-se muito bem.

Logo depois do jantar, desembarcamos com o propósito de visitar o intendente da marinha, de quem sir James esperava obter mais informações do que aquelas que o governador demonstrou estar disposto a dar. Porém, uma multidão que caminhava em direção a uma igreja chamou nossa atenção e resolvemos segui-la. A igreja estava limpa e cuidadosamente decorada. Não pudemos, no entanto, deixar de reparar as bizarras vestimentas que envolviam cerca de uma dúzia de diferentes imagens de nosso Salvador. Essas imagens encontravam-se sobre um pedestal, dispostas de um modo que, olhando de um lado, podia se ver nosso Salvador ornado com uma graciosa peruca e vestido com uma espécie de chambre; olhando de outro, ele aparecia vestido com um jaleco de cetim azul e um colete; e olhando ainda de um terceiro ângulo, era possível vê-lo em trajes miseráveis e todo ensangüentado.

O altar estava decorado com uma pilha de flores e folhagens artificiais, no topo da qual havia uma imagem de nosso Salvador crucificado e uma outra de um cavaleiro que não pude identificar, trajando uma roupa marrom e um bonito manto à Charles I, com Maria Madalena a seus pés. De ambos os lados do altar, havia um grupo de crianças, enfeitadas com asas e dependuradas entre nuvens. A cena toda era protegida por uma cortina, que foi aberta quando o padre que pregava o sermão no púlpito chegou a uma passagem em que todos na igreja se puseram a bater em seu próprio rosto, emitindo um barulho semelhante ao de aplausos em uma casa de espetáculos. Juro que, por instantes, pensei que estavam aplaudindo o sermão, pois este, depois de um punhado de apóstrofes, havia chegado ao fim. Foi a mais extravagante cerimônia que presenciei, cerimônia, em minha opinião, em total desacordo com a verdadeira devoção.

Retomamos, então, o caminho rumo à casa do intendente, que pareceu ser um homem bastante inteligente. Há alguns meses, encontrei-o em Guaratiba, na residência do coronel Baltazar, que acabou por me contar umas poucas coisas a seu respeito.

O intendente prometeu empenhar-se para fornecer a sir James Gambier todas as informações que estivessem ao seu alcance. Creio que sir James ficou bem satisfeito com os frutos que lhe renderiam a atenção e a sinceridade do oficial. Recebemo-lo a bordo, no dia seguinte, 14 de abril, para o café da manhã. O governador, talvez estimulado pelo exemplo de outros, pouco tempo depois, também resolveu dar-nos alguma atenção e veio visitar-nos. No sábado, desembarcamos e convidamos o intendente, o governador e sua família para jantarem conosco no dia seguinte, um domingo.

Soube que o principal produto da região é o arroz, um arroz de qualidade superior, pois o terreno, plano e úmido, é especialmente apropriado para tal cultura. Os habitantes, todavia, que são na sua maioria pobres e indolentes, não têm nem energia nem meios para drenar os pântanos e remover a madeira disforme e de pouca utilidade que cobre o solo. Daí a região produzir, até então, somente a décima parte do arroz que é capaz. A região produz também café e açúcar de boa qualidade, mas em pouquíssima quantidade.

No dia 15 de abril, recebemos algumas visitas, entre as quais a do juiz de alfândega e a do juiz de paz. Empregamos o restante da manhã nos preparativos da recepção dos convidados para o jantar. Com o auxílio de todos os homens que pudemos reunir, erguemos um bonito aposento sobre o tombadilho superior. Por volta das três horas da tarde, o governador subiu a bordo com sua família e, logo depois, chegou o comandante. Iniciamos a festa às quatro horas. Durante a primeira hora, as senhoras estavam extremamente caladas, todavia, depois de as cortinas serem abertas, deixaram de lado o seu caráter taciturno e, talvez inspiradas pelo deus Baco — de quem eram devotas entusiásticas —, tornaram-se mais do que amigáveis.

Realmente, é espantoso notar o quão comedidos são os portugueses no comer e no beber. A meu ver, excedem os limites que um homem deve impor a si próprio.

Depois do jantar, sugerimos que dançássemos e, animados pelo órgão de Kilwick, saímo-nos muito bem. As senhoras, lamentavelmente, eram completamente desconhecedoras tanto do andamento quanto dos passos da dança. Daí o prazer, e também a dificuldade, de conduzi-las caídas sobre nós como estavam. A festança prolongou-se até a meia-noite.

No mesmo dia, uma sumaca portuguesa, vinda do Rio de Janeiro com um despacho do presidente da província, sofreu um acidente ao sair da barra, colidindo com um brigue que estava entrando. Não pudemos apurar ao certo o quanto de prejuízo o incidente causou, mas tivemos a satisfação de saber que nenhuma vida havia sido perdida.

No dia 16, o intendente veio a bordo tomar o café da manhã conosco, pois sir James, na tarde anterior, convidara-o para uma pescaria. Baixamos, então, os cabos com todo o nosso aparato e desembarcamos numa pequena casa magnificamente situada na margem esquerda do rio, casa pertencente a um doutor em medicina estabelecido na cidade. Enquanto os marujos cuidavam de colher a rede, aproveitamos para passear pelas redondezas. Soubemos que a propriedade, bastante extensa mas totalmente inculta, estava à venda por 400 mil-réis. O solo do lugar é de ótima qualidade e, comparado ao que temos visto, bem menos problemático para ser limpo. Depois de despendermos agradavelmente a manhã entre o colher a rede e o perambular pela região, retornamos ao navio, onde jantamos. Em seguida, desembarcamos para a nossa última visita a Santos, pois estávamos determinados a seguir para São Paulo no amanhecer do dia seguinte.

No dia 17 de abril, às cinco horas da manhã, a barcaça do governador estava pronta para servir-nos. Iniciamos, então, a parte da viagem para São Paulo que é feita por água — cerca de três léguas. Estava ainda escuro ao partirmos, porém, quando o dia começou a clarear, notamos que navegávamos por um belo e extenso rio. As suas margens eram bastante pantanosas, mas havia aqui e ali, quebrando a monotonia do cenário, uma pequena elevação. Ao fundo, viam-se as altas montanhas que comandam as vastas planícies de São Paulo.

O rio corre suavemente através de pitorescas florestas, onde pudemos identificar muitas madeiras valiosas. A beleza da paisagem escapa a qualquer descrição, pois são incontáveis os aspectos grandiosos e pitorescos. Ficamos, por um longo tempo, deleitando nossos olhos com essa encantadora pintura da natureza. Alcançamos, então, Cubatão, onde as mulas nos aguardavam. Uma hora foi consumida carregando os animais com as nossas bagagens. Por volta das dez horas da manhã, iniciamos nossa jornada serra acima, não sem antes fazermos uma tremenda festa.

A estrada que sobe as montanhas é toda pavimentada, poupando os viajantes dos incômodos causados pelas torrentes de água que descem por ela na estação das chuvas. Ademais, o solo da região é extremamente argiloso e a escalada, em certas partes, bastante íngreme, o que, sem a pavimentação, tornaria a subida impossível fora da estação da seca. Não pude apurar a altura da serra, mas atingimos o seu ponto de maior elevação depois de duas horas de caminhada. Calculo que esteja a aproximadamente cinco milhas de Cubatão. O caminho, em diversas partes, é tão perpendicular que, se a estrada não fosse construída em ziguezague, seria quase impossível subi-lo.

Deparamos, durante o trajeto, com muitas tropas de mulas carregadas com açúcar e com outros produtos da região. É admirável a enorme desenvoltura que demonstram esses animais, avançando pelo caminho sem qualquer desordem ou encontrões, mesmo nas partes mais difíceis. Os homens que as conduziam pertenciam a uma raça de gente muito nobre e vistosa, geralmente com cerca de seis pés de altura e com boa constituição. Eles portavam somente um grande chapéu de palha branco — cujas abas pendiam em direção aos ombros —, uma camisa de algodão branco e umas calças do mesmo material, ambas produzidas no país. Muitos desses homens são claros como os europeus, todavia, a sua maior virtude é a polidez, tanto mais bem-vinda por derivar de uma genuína bondade de caráter.

Víamos, agora, diante de nós, uma bela e extensa região, toda coberta por uma vegetação rasteira e praticamente desprovida de árvores grandes. Depois de percorrer cerca de quatro léguas, começamos a notar com mais freqüência a presença de terras cultivadas e de clareiras, abertas por meio da queima de grandes quantidades de madeira desnecessária. Por volta das quatro horas da tarde, chegamos a Ponte Alta, onde conseguimos hospedagem numa casa com as melhores acomodações que encontrei até agora no Brasil.

Tínhamos caminhado oito léguas — cada légua de quatro milhas — e ainda restavam mais quatro léguas até São Paulo. As mulas estavam muito cansadas e anunciava-se uma enorme tempestade, com raios, trovões e muita água. Por isso, tratamos de aceitar rapidamente o convite do nosso gentil hospedeiro e passamos a noite em sua casa. Além do mais, ele tinha nos prometido que, no dia seguinte, a caminho de São Paulo, caçaríamos umas perdizes.

No dia 18 de abril, reiniciamos a nossa jornada. O clima estava delicioso, sentíamos uma frescura similar àquela que experimentamos durante a primavera na Inglaterra. Nada poderia ser mais encantador do que o prospecto da região que tínhamos diante de nós. A vista podia percorrer muitas milhas, pois não havia nenhuma grande montanha para interrompê-la. Havia, sim, uma agradável variedade de montanhas e vales, um bonito contraste entre um ou outro conglomerado de árvores, os ricos campos de pastagem e o marrom do feno que não há em nenhuma outra parte do país. O sol tratava de dar uma aparência ainda mais luxuriante e bela a toda essa cena.

A caça não foi abundante: os nossos cães, durante todo o dia, farejaram somente duas perdizes e umas poucas narcejas. Nosso esforço, no entanto, foi totalmente recompensado pelo prazer que encontramos na perseguição. Fomos advertidos acerca dos perigos de adentrar no mato alto sem botas, já que as cobras são muito comuns na região e têm a reputação de venenosas. Nosso anfitrião tinha nos contado diversas histórias terríveis sobre os efeitos da picada desses répteis. Um membro de sua casa, inclusive, um escravo negro, estava padecendo enormemente em razão de um acidente do gênero. O mestre, que é excessivamente supersticioso, não permitia que ninguém se aproximasse dele há mais de 20 dias, pois acreditava que, doente como estava o pobre negro, o menor contato com um ser humano poderia matá-lo. Tentamos convencê-lo a deixar-nos ver o doente e ele atendeu ao pedido sob a condição de que pagássemos o valor do escravo caso a nossa visita lhe fosse fatal.

As mulas são muito sensíveis à presença das cobras e demonstram um verdadeiro pavor quando pressentem a sua aproximação. O tenente Kilwick encontrou uma de 12 pés de comprimento e meio pé de circunferência quando conduzia sua mula através de um matagal, e ficou totalmente desconcertado. Contou-nos o tenente que a cobra levantou a cabeça e hesitou se pulava ou não sobre ele. A hesitação do réptil foi simultânea ao pânico do tenente, que confessou nunca ter sentido tanto medo em toda a sua vida.

Consumimos todo o dia caçando perdizes, sempre com a preocupação de caminhar na direção de São Paulo. Por volta das quatro horas da tarde, retornamos à estrada, onde encontramos nossos criados e uns cavalos gentilmente enviados pelo general para conduzir-nos à cidade. Vestidos como estávamos — em roupas de caça e imundos, em razão dos lugares pelos quais tínhamos passado —, julgamos, no entanto, que era ridículo desmontar das mulas e montar aqueles belos cavalos, ricamente ajaezados.

Resolvemos, então, seguir adiante e, em pouco tempo, chegamos a São Paulo. A cidade está localizada num sítio bastante elevado — de fato, toda a região que tínhamos percorrido naquele dia estava quase na mesma altura do cume da montanha. A vista que se tem de todos os lados da urbe é extremamente bonita e variada, em muito se assemelhando a uma paisagem da Itália. Um pequeno rio corre em seus arredores, acrescentando-lhe comodidade e beleza.

Fomos recebidos de maneira extremamente hospitaleira pelo governador e pela sua família no palácio que habitavam. Aí tinham sido preparados quartos para nós. O governador Antonio José de Franca e Horta, que também é um general de brigada, aparenta ser um homem de 50 e poucos anos e pertence a uma família antiga mas não de todo nobre. Creio que nunca encontrei uma pessoa com tão boas disposições naturais, com um bom senso tão apurado, com uma verdadeira ambição de ser útil ao seu país em tudo o que for louvável e honrado, com notável sabedoria para escolher aqueles a quem vai confiar algum encargo público e com um elevado grau de honestidade e independência — características que lhe garantem a estima de todos os homens bons, mas que atraem o ciúme e o rancor de alguns até mais poderosos do que ele.

Em virtude de suas qualidades, creio que ele governa a capitania de São Paulo com justiça, sabedoria e prudência, lançando mão de todos os meios para fazê-la progredir e para trazer satisfação e felicidade aos seus habitantes — a mais valiosa conquista que um príncipe pode ambicionar. Ainda assim, o governador não é um dos favoritos na Corte. Ao contrário, os meios mais desonestos e mesquinhos têm sido usados por alguns ministros para dar uma falsa idéia dos seus honestos esforços e para minar a sua prosperidade.

A senhora Franca e Horta, sua esposa, é uma dama de muito bom senso e dotada de enorme vivacidade e sagacidade, além de possuir um excelente e caridoso coração. Germânica de nascimento, ela foi educada em um convento, o que lhe conferiu uma agradável vivacidade de dama francesa. O casal tem duas filhas pequenas — a mais velha com sete anos — e atualmente está bastante preocupado, pois não vê como oferecer a elas uma educação apropriada e liberal num país como o Brasil. Com tais anfitriões, certamente estávamos muito bem instalados em São Paulo.

Todos os esforços foram feitos e todos os meios empregados para tornar a nossa estada agradável. Os nossos quartos foram preparados com tanto esmero quanto esperaríamos encontrar na Inglaterra — e o conforto das acomodações dos nossos servos era quase semelhante ao que desfrutávamos. Lamentavelmente, como tínhamos despendido toda a manhã caçando e havíamos alcançado a cidade no período da tarde, tivemos que nos recolher cedo.

Na manhã seguinte, 19 de abril, vimos as tropas formarem em frente ao palácio e pudemos observar o quão superior era a aparência daqueles homens em relação aos seus congêneres que estávamos habituados a ver no Rio de Janeiro. Eram, na sua maioria, homens garbosos, notavelmente bem vestidos e muito limpos. O seu número não era grande, pois as tropas da cidade vêm sendo sistematicamente drenadas para engrossar as expedições que rumam para o Rio Grande. Inúmeras ordens têm sido enviadas do governo do Rio de Janeiro no sentido de recrutar todos os habitantes de São Paulo para o serviço do príncipe. O general, sabedor do inconveniente político de tal medida e das conseqüências que adviriam de um gesto tão arbitrário e parcial, tentou advertir as autoridades para o seu perigo e insensatez. A advertência, contudo, não foi ouvida e ordens ainda mais duras foram emitidas. O resultado foi que a província perdeu alguns de seus mais valiosos habitantes, pois cerca de 14 a 15 mil pessoas deixaram suas terras e casas para se esconderem nas matas e nos distritos vizinhos, onde estariam a salvo de tamanha tirania.

O governo do Rio de Janeiro percebeu tardiamente a injustiça e a extravagância que cometera e viu-se obrigado a redimir-se diante de seus súditos, suspendendo as ordens iniciais e convidando os habitantes a retornarem para suas casas sob a promessa de que não mais realizaria qualquer recrutamento aviltante e de que perdoaria os foragidos, que haviam descumprido as suas obrigações para com o soberano.

A aparição do general e da senhora Horta em São Paulo deu-se quase simultaneamente à nossa, pois o casal acabava de retornar de uma viagem a uma mina de ferro, situada a 50 léguas da cidade. O objetivo da expedição era avaliar o real valor da mina, reportando tudo ao príncipe, que estava inclinado a empregar alguns de seus súditos na exploração do lugar.

Estávamos em plena Semana Santa e todos os habitantes da cidade e de seus arredores reuniam-se diariamente nas igrejas, as quais também freqüentávamos para assistir às cerimônias. O capitão Müller, ajudante de campo do general, sempre nos acompanhava e foi de extrema utilidade, oferecendo-nos diversas informações.

Há muitas igrejas na cidade, algumas das quais são muito bonitas e ricamente decoradas. As suas paredes, no entanto, são de barro. A bem da verdade, toda a cidade é construída com o mesmo material: um barro consistente, quase tão apreciado quanto a pedra — a facilidade e a rapidez com que erguem as construções são impressionantes.

Tanto as igrejas quanto as casas, uma vez concluídas, são todas caiadas, o que confere uniformidade e claridade à urbe. As ruas não são pavimentadas, mas são bastante limpas. Além disso, o delicioso clima fresco, somado à localização extremamente salubre, evitam que a cidade padeça com os vapores pestilentos e a tornam livre de muitos dos inconvenientes que geralmente se observam nas moradias portuguesas.

Notamos que há uma grande falta de decoro no interior das igrejas, nas quais as pessoas parecem se reunir mais para a conversação e para o divertimento do que para a devoção. As mulheres aí estavam todas cobertas com um cendal, isto é, com uma peça de baeta preta, com a qual envolvem o rosto, deixando somente os olhos à mostra. Elas são muito hábeis na manipulação desses cendais e, volta e meia, por graça, retiram-no com um elegante movimento de cabeça, descobrindo os rostos para deleite daqueles que desejam vê-los. Tal disfarce não é utilizado somente durante as cerimônias religiosas, ao contrário, trata-se de uma vestimenta diária das mulheres de São Paulo. Metidas sob essa capa tanto de manhã quanto à tarde, elas pavoneiam pela cidade livremente e conduzem as suas tramas amorosas com muita facilidade.

O governador e a senhora Horta estavam ansiosos para abolir tão absurdo e pernicioso costume, e constantemente apelavam aos mais velhos da cidade para que apoiassem os seus esforços nesse sentido. É surpreendente que pais e maridos tenham sempre feito vista grossa para o caráter impróprio de tal prática e não tenham demonstrado até agora qualquer empenho em extingui-la. Isso vem provar que nenhum auxílio lhes foi dado e que a virtude, a decência e o decoro de todo um povo não teve peso suficiente para contrabalançar uma moda de muito estabelecida e conveniente para aqueles que querem praticar a lascívia, a vingança ou qualquer outra paixão que não pode mostrar-se à luz.

Depois de muito conversarmos sobre o tema, sir James Gambier dispôs-se a prestar um auxílio à causa do bondoso casal Horta e levar pessoalmente a reclamação ao bispo, expondo-lhe o quão odioso eram esses disfarces públicos e o quanto tal divertimento era condenado pelas autoridades civis e eclesiásticas de Lisboa — onde esse uso era rigorosamente proibido, não sendo tolerado nem mesmo no interior dos lares, local em que o respeito pelo decoro seria naturalmente mantido. O argumento pesou bastante para o bispo e, após uma breve reunião, conseguimos até mesmo extrair dele o compromisso de, com todo o peso do seu nome e da sua posição, expedir uma representação sobre o tema.

Um documento foi rapidamente redigido e assinado por ele e pelo governador. Nele, destacava-se a premente necessidade de abolir aquele hábito doloso a que todas as classes de São Paulo haviam aderido e declarava que, daquele momento em diante, toda pessoa que insistisse em mantê-lo seria considerada praticante de um ato ilegal e sujeito à punição.

A casa do governador estava sempre aberta para receber os amigos e, em razão disso, geralmente tínhamos cinco ou seis convidados para o jantar. Eram, na sua maioria, militares, poucos deles cultos ou dotados de maneiras elegantes. Ao entardecer, o casal promovia uma reunião para o carteado, divertimento que tínhamos por norma não compartilhar, pois preferíamos passear pela cidade e recolher todas as informações que podíamos sobre os costumes dos habitantes. É realmente desolador ver o quão pouco de energia têm estas pessoas, a despeito de o clima parecer propício a toda e qualquer atividade.

Em casa, vestem sempre um robe largo e um par de chinelos, sem meias. Raramente praticam algum tipo de exercício e quase nunca despendem o seu tempo com alguma ocupação louvável: as manhãs gastam dormindo e as tardes, articulando e levando adiante intrigas amorosas. Os escravos negros são os meios que utilizam para executá-las, e é tanto o desregramento que resulta de tais práticas que, segundo se comenta, poucas mulheres na cidade, acima dos 16 anos, podem se orgulhar de sua castidade.

Na manhã do dia 20, uma quinta-feira, visitamos a catedral uma segunda vez. A cerimônia em pouco diferia daquela a que assistíramos no dia anterior. Havia nela um certo grau de espetáculo e magnificência, mas o todo, em minha opinião, era destituído de solenidade como uma comédia na França. Muitos dos presentes devem, não duvido, ser muito bons cristãos, seguindo tal culto somente porque aprenderam a fazê-lo desde a infância. Todavia, custa-me crer que uma pessoa de bom senso possa acreditar no que fazem e dizem ou deixar de vislumbrar toda a cena como algo ridículo.

Vista desse modo, a cerimônia deixa de ser um culto voltado para Deus. Trata-se, na verdade, de uma ímpia imposição a que está submetido um grupo de pessoas ignorantes, grupo talvez demasiado poderoso para ser governado por outros meios.

Ao entardecer, retornamos mais uma vez à igreja, como todas as pessoas da cidade. Da catedral, seguimos, com um grande grupo em que estava a senhora Horta, para outras igrejas. Em cada uma delas, permanecemos cerca de um quarto de hora, como prescrevia o ritual da celebração de que participávamos — ritual que, se cumprido à risca, autoriza a pessoa a reivindicar o perdão de seus pecados. Sete era o número de igrejas que deveríamos visitar naquela tarde. Fomos de uma para outra precipitadamente, cada um com uma senhora para conduzir e proteger em meio à multidão. Foi uma cerimônia bastante absurda e ridícula, que terminava com um sermão pregado na última igreja visitada.

Na manhã seguinte, dia 21, mais uma vez participamos do serviço religioso, que terminou por volta do meio do dia, quando as pessoas começaram a esquecer as penitências e a levar a sua vida habitual. Incontáveis foram, naquele dia, as visitas pagas ao general e à senhora Horta. Depois do jantar, dirigimo-nos à casa de uma das mais distintas pessoas do lugar, onde havia um grupo grande de pessoas, todas vestidas de preto, aguardando para ver a procissão que iria passar pela rua. Poupamo-nos da procissão e despendemos o resto da tarde em conversas e cumprimentos.

No domingo, dia 22, a senhora Horta prometeu-nos que iria nos brindar com um baile. Gastamos toda a manhã vagando pelos campos e procurando por narcejas. Por volta das sete horas da tarde, a reunião teve início. Fizeram-se presentes todas as pessoas distintas da cidade, entre as quais não vi muita gente bonita. Os homens eram, na sua maioria, oficiais militares, e as mulheres, suas esposas, filhas e irmãs. Todas elas, jovens ou velhas, estavam praticamente desfiguradas, de tanto pó que usavam sobre os cabelos, e seus vestidos eram bastante malfeitos e impróprios, porém, entre todas as brasileiras que conheci, eram as mais entendidas em dança.

O baile acabou por volta da meia-noite e, no dia seguinte, dia 23, não estávamos com disposição para começar nada. Jantamos cedo e, ao entardecer, desfrutamos de uma deliciosa cavalgada na quinta do general, situada a cerca de uma légua da cidade. O general ergueu aí uma bela casa e uma excelente estrebaria, com outras repartições, as quais ele construiu praticamente sozinho. O solo era bem cultivado e produzia todas as frutas americanas e quase todas as européias. O jardim de flores, situado num local extremamente pitoresco, também era muito fértil e constituía obra saída exclusivamente da imaginação e do empenho do general. É compreensível, pois, que a senhora Horta, uma pessoa sensível e capaz de apreciar devidamente as virtudes de seu marido, tenha predileção por esse lugar e aguarde ansiosamente o dia em que, com satisfação, poderão deixar a residência de São Paulo e vir morar aqui.

A frescura do ar, a variedade dos campos e a sua semelhança com aqueles da Inglaterra causaram-me sensações muito agradáveis e, ao retornarmos, estávamos todos, creio, tomados por aquele sentimento de crescente felicidade que os objetos da natureza são tão propícios para suscitar. Recolhemo-nos cedo para dormir, com o propósito de tentar nossa sorte na caça à perdiz na manhã seguinte.

No dia 24, antes de clarear, estávamos todos montados e devidamente aparelhados, formando um grupo de seis pessoas, acompanhadas por quatro casais de perdigueiros. A manhã estava gelada e tivemos de cavalgar cerca de 12 milhas até atingir o lugar em que armaríamos tocaia. O campo estava coberto por uma impenetrável neblina e a situação lembrou-me uma caçada à raposa numa manhã de novembro. A neblina, todavia, rapidamente dissipou-se e o sol apareceu. Tínhamos alcançado a cabana de caça, onde daríamos início ao divertimento. Desmontamos e dirigimos os cães para a planície ou campo, que era extremamente comprido e inteiramente coberto por um capim alto, ainda que pouco espesso, salpicado por samambaias.

Kilwick e dois outros companheiros deixaram-nos em torno do meio do dia e saíram em busca de madeira num bosque situado nas extremidades da planície. Durante sua ausência, os cães detectaram três perdizes, que conseguimos abater. A caça, no entanto, não era nada abundante e, depois de percorrermos uma extensão enorme, não encontramos mais do que quatro casais durante todo o dia, o que provavelmente pode ser atribuído ao número de falcões que vimos. As perdizes são bastante grandes, tão grandes quanto uma aprazível galinha, e andam sozinhas. A sua plumagem é semelhante àquela da perdiz inglesa, mas creio que seu sabor é inferior.

Por volta das duas da tarde, reunimo-nos sob a sombra de uma árvore para comer. A essa altura, muitas pessoas da região tinham se admirado com a novidade das nossas maneiras — do mesmo modo que havíamos estranhado a simplicidade das delas. Retornamos para a cidade às sete horas da tarde, depois de muito empenho, com somente quatro casais de pássaros. Kilwick estava tão cansado que se dirigiu imediatamente para a cama.

Quanto a nós, terminamos o jantar, contamos nossas aventuras e seguimos rapidamente o seu exemplo.

Na manhã seguinte, dia 25, tive uma dor de dente tão forte que fiquei impossibilitado de sair de casa. Sir James e o resto da expedição, acompanhados pelo general, foram, ao entardecer, visitar o hospital e as fundações da cidade nova. Lamentei muito não os ter acompanhado, sobretudo para avaliar o quanto a cidade estava em dívida para com o general, já que tais melhorias tinham sido pensadas e executadas sob o seu governo e sob sua pessoal supervisão. O hospital, segundo pude apurar, é bem organizado e concebido para trazer o maior conforto possível aos internos. Outras obras públicas, como pontes, estradas etc., também foram construídas durante o atual governo, o qual parece ser, de uma maneira geral, tão judiciosamente conduzido que é praticamente impossível não louvar o excelente homem que o conduz.

No dia 26, nas primeiras horas da manhã, todo o grupo, nomeadamente o general, seus ajudantes de campo, a senhora Horta e nós, montamos nossos cavalos e fomos visitar uma propriedade pertencente ao general, situada a cerca de quatro léguas da cidade. Deixamos o palácio antes do nascer do sol e levamos conosco nossas armas e cães, pois tínhamos a esperança de encontrar alguma caça pelo caminho. A senhora Horta mostrou-se uma verdadeira amazona, cavalgando como um homem. O dia estava excepcionalmente agradável e sentíamo-nos todos muito animados. O caminho era bonito e variado, com montanhas e vales, planícies e florestas, tudo passível de ser cultivado e mesmo convidando ao cultivo. Ao alcançarmos a propriedade do general, a região pareceu-nos ainda mais bonita. O lugar é rodeado por um profundo fosso ou valado de considerável extensão; infelizmente, não pudemos apurar ao certo qual o seu real tamanho. Adentra-se na propriedade através de uma porteira e toma-se um caminho bastante cerrado, com cerca de meia milha, que sai numa boa estrada de carruagem. O prospecto, então, abre-se e descortina-se aos olhos uma bela clareira, com pequenas elevações, onde, aqui e ali, vêem-se grupos de árvores — cujas folhagens encontram-se com o chão — e rebanhos pastando. A abertura é toda ela bordejada por uma densa floresta que ascende pelas montanhas, ao pé das quais se encontra uma pequena casa branca, ocupada pelo administrador da propriedade. A casa e a terra cultivada nas suas proximidades oferecem um belo quadro à contemplação.

Fomos recebidos pelos vizinhos do general, que vinham lhe pagar os devidos cumprimentos e que, a seu pedido, traziam consigo os seus cães. Depois de tomarmos posição em diferentes partes do relvado, os cães foram soltos na mata e ficamos aguardando que expulsassem de lá alguns cervos, obrigando-os a procurarem as capoeiras vizinhas, quando tentaríamos abatê-los. Ficamos, por um instante, em estado de grande ansiedade com o latido dos cães, até que subitamente ouvimos um alarido geral dos cães, seguido do estampido de uma arma: um veado saíra da mata e um camponês o alvejara. Vimos, então, o pobre animal passar mortalmente ferido pelo relvado, enquanto éramos todos tomados por um estado de grande satisfação. O animal rapidamente ganhou a mata oposta, mas o caçador e seus cães eram muito hábeis e, depois de tocá-lo uma segunda vez de dentro da mata, alcançaram-no e mataram-no.

A caça foi, então, levada em triunfo até a senhora Horta e oferecida a ela como um presente. Os cervos deste país são muito menores do que os que encontramos na Inglaterra, desprovidos de cornos e com uma pelagem furta-cor sem manchas; sua carne é muito saborosa e suave. Depois de saciada a nossa curiosidade, tomamos a direção da casa e deixamos os caçadores, que saíram em perseguição de mais cervos.

O caminho até à casa é verdadeiramente encantador. Passamos sobre um pequeno arroio, lindamente cercado por ramagens que se entrecruzavam sobre nossas cabeças. A qualquer olhadela que se dê por entre o emaranhado desse bosque vêem-se, de ambos os lados, plantações de cana-de-açúcar e café. A montanha que se sobe para chegar à casa é uma mina de ferro. Em toda pedra que se apanha no chão encontra-se uma considerável quantidade do dito metal. A mina ainda não está sendo explorada, mas tem sido examinada por pessoas conhecedoras e é considerada muito merecedora de concomitante esforço e despesa.

Permanecemos poucos minutos no interior da casa. Depois de dar as ordens necessárias para que o jantar estivesse pronto ao retornarmos, saímos para conhecer um caminho que o general mandara abrir através da mata situada atrás da casa. Todas as pessoas do grupo que haviam estado em Portugal garantiram que era muito parecido com a celebrada vista de Sintra.

Depois de saciados de tão gracioso cenário, o general convidou-nos para descer a montanha e conhecer o trabalho dos negros numa mina localizada a um quarto de milha de onde estávamos. Acompanhamo-lo e assistimos a todo o processo de extração do ouro da terra, a sua pesagem e o seu preparo para ser refinado pelo fogo.

O torrão de terra, que parece uma simples massa de barro, é posto num canal com água corrente. A água dissolve o torrão, levando a lama e deixando todos os corpos mais pesados para trás, como o ouro e o cascalho que é colocado propositadamente no canal. O cascalho que vem misturado ao ouro é, então, colocado num balde de madeira e aí é separado do metal por meio de sucessivas lavagens, até que o mesmo se solte e vá para o fundo do balde — algumas partículas de ouro são do tamanho de uma cabeça de alfinete. Em uma hora, os homens conseguiram extrair cerca de duas onças, todavia, é preciso levar em consideração que todo o aparato necessário estava pronto quando chegamos. Destarte, é errôneo asseverar que se consegue extrair duas onças em uma hora, pois muitas horas são consumidas montando as calhas e as bacias, desviando a água etc.

Ao retornarmos para casa, todos muito bem impressionados com o que tínhamos visto, fomos encontrados pelos caçadores, que traziam mais um cervo morto. Acabamos por nos reunir todos e sentamo-nos para jantar com muito bom humor e cordialidade. Depois do jantar, como ainda era cedo, sir James e eu fomos, com o administrador do general, ver a cabana que havia sido construída especialmente para armazenar o sal, produto que recebiam com intervalos irregulares de tempo e que era imprescindível para a procriação do gado e para a sua engorda.

O grito que utilizam para render as vacas é muito harmonioso. Ainda que estejam pastando dispersas pelas montanhas, ao ouvirem *touro, touro*, mais de 300 delas descem para o vale e estendem as suas cabeças para receberem o sal do administrador. A barulheira dos bois que ainda permaneciam vagando desgarrados pelo alto das montanhas, o mugido daqueles que estavam embaixo, a semelhança desta região com a Inglaterra e a doce serenidade do anoitecer, somados ao excelente dia que passara, produziram em meu espírito um grande bem-estar. E quando a semelhança das coisas fizeram lembrar muito o meu país nativo, não pude impedir a minha imaginação de ficar ainda mais maravilhada, chegando mesmo a ver-me desfrutando do adorável convívio do meu círculo de relações e amigos.

Foi envolvido por esses agradáveis pensamentos que retornei para casa. Nossa companhia estava pronta para partir e toda montada em seus cavalos. Demos adeus às belas paisagens da propriedade do general e, em cerca de três horas, chegamos a salvo ao palácio de São Paulo. Sir James recolheu-se imediatamente, pois estava com um tremendo resfriado. A senhora Horta, embora estivesse exausta dos esforços do dia, assistiu-o da maneira mais gentil possível e atendeu a todas as suas necessidades com a mais extrema solicitude e bondade.

Sir James continuou muito mal na manhã seguinte, dia 27, e resolvemos atender às solicitações do general e de sua senhora para que adiássemos nossa partida por um dia ou dois. Pela manhã, entreti-me examinando alguns cristais, minerais, ágatas e um original instrumento militar; coisas que tinham sido separadas para o almirante de Courcy. O casal Horta estava esperando a coleção ficar completa para mandá-la de presente para ele.

A bem da verdade, a generosidade da gente de São Paulo para com os ingleses é espantosa. Ouvimos de vários conterrâneos que visitaram a cidade que, embora não tivessem sido previamente apresentados a nenhum dos habitantes, muitos os receberam em suas mesas e os acomodaram nas dependências das suas casas. Há, todavia, aqueles que retribuem com grosseria a tal tipo de gentileza.

Soubemos, por meio do magoado testemunho do general e de sua esposa, da conduta de um deles — conduta tão escandalosa quanto merecedora da mais severa punição. Realmente, para que o cavaleiro, capitão de um navio de guerra, perdesse a sua patente, era necessário que sir Sidney Smith, o almirante que então comandava a esquadra inglesa no Rio de Janeiro, tivesse sido informado do ocorrido. O general, contudo, agiu com ponderação e relutou em cobrar a devida punição para os seus inimigos.

Na manhã do 28, sir James sentiu-se melhor e voltamos a pensar em partir. Decidimos despachar a bagagem pelas mulas, o que nos daria mais liberdade para, no entardecer do dia seguinte, realizar algumas visitas de despedida às pessoas a quem tínhamos sido apresentados. Divertimo-nos imensamente correndo de casa em casa e observando as diferentes reações que provocava a notícia da nossa partida. Alguns abraçaram-nos, outros beijaram-nos e outros, ainda, presentearam-nos para que lembrássemos deles. Aqueles que julgávamos falsos, tratamos de ridicularizar cruelmente.

Tivemos o prazer de encontrar, neste dia, na casa do general, um cavalheiro que acabara de voltar das minas de ferro, onde estava, a mando do governo, dirigindo um trabalho. Tratava-se de um jovem alemão, pertencente aos corpos da artilharia de Portugal, que parecia muito bem informado. Ele contou-nos como havia escapado de um situação bastante perigosa.

Disse-nos ele que estava atravessando uma floresta, em companhia de dois companheiros e um estupendo e enorme cão perdigueiro, quando se viu compelido a parar, completamente apavorado, em razão da presença de um tigre escondido nos arbustos. O cão ficou petrificado, seus companheiros fugiram e ele viu-se obrigado a safar-se sozinho. Por sorte, o tigre, provavelmente porque tinha já satisfeito a sua fome, permaneceu quieto e o litigante escapou ileso.

Poucas milhas adiante, seu cavalo empinou violentamente e ele viu, na frente do animal, uma cobra enorme e apavorante atravessada de fora a fora na estrada, de modo que era impossível distinguir onde estava a sua cabeça e onde estava o seu rabo. Ele ficou por alguns instantes sem saber o que fazer, quando a cobra abriu caminho para o seu cavalo, enrolando-se numa árvore de um dos lados da estrada. O pobre e assustado viajante teve, então, a oportunidade de apressar o seu animal e escapar de todos os perigos. Esses desagradáveis encontros ocorreram somente dois ou quatro dias antes de o cavalheiro alcançar São Paulo e, portanto, estavam bem frescos na sua memória. Éramos quase os primeiros a quem ele contava as suas aventuras.

Ouvimos inúmeras histórias de cobras por aqui, cobras, ainda que raras, com 30 pés de comprimento. Todavia, nas vizinhanças de São Paulo é bastante difícil encontrar animais selvagens. A população está constantemente metida nas matas cortando árvores ou procurando, entre outras coisas, por resinas e por uma casca de árvore muito resistente, com a qual produzem cordas. Tal casca é partida em pedaços e trançada, produzindo uma corda muito parecida com as da Inglaterra e, por certo, com a mesma resistência daquelas. Lamentei não ter encontrado nenhuma pessoa que pudesse me informar se essas cordas absorvem o piche — em caso positivo, serviria como um excelente substituto para os cabos de cânhamo, substituto, inclusive, mais barato.

Desse modo, os animais selvagens, constantemente expulsos das matas vizinhas pelos intrusos, optam pelo interior do país, onde há florestas impenetráveis, cortadas somente por perigosas estradas utilizadas pelos trabalhadores que vão às minas. Essa gente, no entanto, geralmente anda em tropas com 20 ou 30 mulas, cinco ou seis homens bem armados com pistolas, espingardas e crucifixos e, ainda, com dois ou três cães bravos de grande porte, protegidos com uma coleira de ferro dentado em torno do pescoço. Assim preparados, raramente são vítimas de um acidente.

Antes de recolhermo-nos, resolvemos pedir autorização do general Horta para partir, pois tencionávamos deixar São Paulo de manhã bem cedo. O general e sua esposa insistiram para que eu aceitasse o melhor cavalo que havia no estábulo, acrescentando que, caso fosse inconveniente para mim levá-lo naquele momento, mandariam entregá-lo no Rio de Janeiro. Agradeci-lhes, mas declinei a amável oferta, não querendo acrescentar mais um favor aos muitos que devia ao casal e que, como temia, nunca teria a oportunidade de retribuir.

Partimos, então, às seis horas da manhã do dia 29. Estava muito frio, porém, cavalgamos rápido. O pobre Kilwick sofreu uma queda que o perturbou pelo resto do dia. Levamos uma hora e meia para descer a montanha imediatamente acima de Cubatão, vila que alcançamos às duas horas da tarde. Encontramos aí, esperando-nos, a barcaça do governador. Embarcamos e seguimos para Santos, onde chegamos às cinco horas, ao entardecer. Depois de jantarmos, retiramo-nos imediatamente para a cama, pois estávamos exaustos em razão da viagem. Neste dia, ao descermos a serra de Cubatão, ficamos espantados com a diferença entre a temperatura do topo e a do pé da montanha. Em cima, estava tão frio que tivemos de colocar os nossos sobretudos, não obstante estarmos em movimento; em baixo, o calor tomava conta. Lamentei a minha estupidez de não ter trazido nenhum termômetro comigo, pois teria sido bastante curioso medir a exata variação entre o frio e o calor que se experimenta na região.

No dia 30, desembarcamos para fazer algumas visitas e encontramos o nosso amigo, o intendente da marinha, ainda reclamando das conseqüências da nossa pescaria, a qual o fatigara ao ponto de ele ter tido febre. Realizamos outras visitas após o jantar, e a simplicidade de alguns e as extravagâncias de outros nos deleitaram e divertiram imensamente.

No dia 1º de maio, preparamo-nos para deixar Santos. Um frade carmelita veio a bordo visitar-nos. Sir James tinha recolhido todas as informações que desejava sobre suas madeiras. Levantamos, então, âncora e fomos carregados rio abaixo pela correnteza. Kilwick queria comprar algumas aduelas e prometeu juntar-se a nós, ao entardecer, na embocadura do porto. Passamos, então, o *Nancy*, deixando-o ancorado quase em frente à cidade.

O *Nancy*, contudo, não desceu o rio naquela tarde e ficamos esperando do lado de fora do porto até às nove horas da manhã seguinte, quando soubemos que a embarcação estava tentando ultrapassar, numa área de pouco fundo, o cotovelo que conduz imediatamente à baía e à entrada do porto, onde tínhamos ancorado na noite anterior. Como o vento soprava diretamente contra nós, decidimos comunicar ao *Nancy* que iríamos para São Sebastião pelo Norte, deixando de lado o plano original de seguir um pouco mais rumo ao Sul, até Paranaguá. Sir James dera instruções ao *Nancy* de seguir diretamente para lá, daí ser imprescindível avisá-los da alteração de rota. Perdemos cerca de duas ou três horas tentando enviar-lhes um sinal, contudo, como não conseguíamos vê-los muito bem, em razão da fortaleza situada no meio do caminho, desistimos desse tipo de comunicação e resolvemos enviar, a bordo de um brigue português que estava na entrada do porto, um homem para avisar Kilwick de nossos planos.

Superado tal inconveniente, deixamos o *Nancy* ancorado ao pé do forte e, por volta de uma da tarde, ansiosos por tirar vantagem de uma suave brisa que nos levaria até São Sebastião, içamos todas as velas e avançamos numa velocidade de nove nós por hora. Rapidamente, vimos sinais da entrada do porto e, passando a ilha do Montão de Trigo e uma outra ilha que se encontra no caminho, pudemos distinguir claramente a tal entrada. Entretanto, ao entardecer, o vento, que estivera favorável durante todo o dia, abandonou-nos e não tivemos condições de alcançar o porto. Ancoramos próximo a Alcatraz, um recife de rochas que contrastava notavelmente com a costa.

Às oito horas da manhã, do dia 3, o peso da âncora fez o cabo romper e, como ainda estávamos sem vento, ficamos estacionados o dia todo. No final da tarde, soprou uma leve brisa e aproveitamos para alcançar o porto; lançamos âncora quase no seu meio, por volta das seis da tarde. Baixamos um barco e sir James e eu, impacientes que estávamos de tanto esperar, saltamos dentro dele com a intenção de ir à terra conhecer a vila.

A vila, a propósito, situava-se a quatro léguas acima do porto. Embora não pudéssemos avistá-la, um piloto português que estava a bordo nos acompanhando garantiu que a distância não excedia a uma légua e meia. Não hesitamos em seguir adiante, a distância, contudo, era bem maior e não chegamos ao lugar antes do final da tarde — erramos ao confiar no português. A maré estava baixa e, a caminho da vila, fomos obrigados a nos deixar carregar, através da lama, nos ombros de alguns homens.

Apesar de tudo, finalmente chegamos e, quando nos dirigimos à casa do governador, ficamos surpresos ao deparar com uma humilde choupana, onde o governador estava sentado em seu capote. O pobre homem pediu muitas desculpas pela modéstia de sua mansão, e adiantou que não poderia nos dar hospedagem ou nos oferecer algo como refresco, pois era pobre e seu salário escasso — o mesmo de uma sétima patente do exército. Ele deu-nos, porém, diversas informações acerca das madeiras da região, assunto que muito interessava a sir James. Depois de passear pela vila, que àquela hora da noite tinha a mais terrível aparência de desolação e pobreza, voltamos para o bote e, às dez horas, seguimos para o navio com a maré e o vento totalmente contra nós. Em razão disso, nosso empenho em remar era de pouco proveito e, depois de perdermos de vista a luz pendurada do mastro principal, despendemos quase a noite toda à procura do navio, o qual só alcançamos às quatro da madrugada.

Gastamos toda a manhã subindo o porto, percurso que teria sido encantador caso o vento tivesse sido um pouco mais favorável, pois não escapou aos nossos olhos a beleza da paisagem de ambos os lados. Destacavam-se aí plantações de cana-de-açúcar — de um verde suave que contrastava com os mandiocais —, cercadas por laranjeiras, formando um belo e variado prospecto. As cabanas que pudemos visualizar nas bordas de cada uma dessas pequenas plantações tinham — não obstante as selvagens e elevadas montanhas, cobertas com grossas árvores, situadas ao fundo — a próspera aparência de bem-estar e desenvolvimento. Fomos acolhidos por inúmeras pequenas canoas, que vieram ao nosso encontro: umas com o intuito de vender frutas, outras somente para espiar-nos atentamente, pois nunca tinham visto uma embarcação tão grande entrando na ilha.

Prosseguimos navegando entre a ilha e a terra, e por volta das cinco horas da tarde, ao entardecer, ancoramos à direita de Vila Velha, a mesma que visitáramos na noite anterior. Tratamos logo de desembarcar e constatamos que a aparência do lugar melhorava pouco com a luz do dia. Vila Velha, por sinal, leva grande desvantagem quando comparada com uma outra vila próxima, situada numa bonita parte da ilha, acessível através de um estreito caminho com cinco braças de profundidade a partir da praia. Retornamos para o navio com a intenção de, no dia seguinte, ir visitar o lugar.

No dia 5, fomos no bote para a ilha, fizemos uma visita ao governador e apreciamos a localização da vila, denominada Vila Nova da Princesa. Todos os casebres da povoação são construídos quase na beira da água, o que não somente é muito bom para a fertilidade dos terrenos que os circundam, como ainda oferece um prospecto de romântica beleza quando visto à distância.

Paramos em várias casas, mas os homens estavam trabalhando na mata e as mulheres fazendo renda ou bordando — a sua principal atividade. Ficamos surpresos com tamanha dedicação ao trabalho, pois não estávamos acostumados a ver semelhante conduta no Brasil.

As mulheres, em geral, são bonitas, no entanto, o que mais impressiona por aqui, levando-se em conta que a ilha tem sete léguas de norte a sul e cerca de 600 ou 700 habitantes, excluindo os negros, é que todos os habitantes pertencem à mesma família e têm muito respeito uns pelos outros. A certeza de que seriam postos de lado pelo clã, caso cometessem alguma imprudência ou perversidade, evita que façam coisas erradas.

Munidos de tais informações, atravessamos a ilha e muito nos divertimos observando a impressão que causávamos ao chegar subitamente nos casebres. Esta pobre gente vive de peixe, mandioca, inhames e alguns vegetais; raramente, contudo, consomem carne ao longo do ano, exceto pelo bacon que trazem de São Paulo — e mesmo este é considerado uma raridade, quiçá um prazer extravagante.

No dia 6, deslocamos o navio em direção à ilha e ancoramos, com cinco jardas de profundidade, em frente à Vila Bela. Fomos, em seguida, à terra visitar o capitão-mor, que faz as vezes de governador da ilha. À primeira vista, o capitão pareceu ser a pessoa mais civilizada que tínhamos encontrado por aquelas plagas. Cedo, contudo, soubemos por seus vizinhos que ele era um pequeno tirano. Fomos informados de que esse homem estava à frente de uma grande família, em que cada indivíduo mantinha com ele uma relação qualquer de servidão. Enquanto ele era um homem de posses, capitão-mor, governador da ilha e vestia o hábito de uma das principais ordens portuguesas, a Ordem de Cristo, seus irmãos trabalhavam nos campos ou pescavam, ganhando não mais do que o suficiente para sobreviverem. Tratava-se, enfim, de um homem com muito pouco sentimento de compaixão e que, diariamente, dava provas disso, agindo para com os seus irmãos como se fosse um lorde e estes, seus escravos.

Sir James, apesar de tal conduta, convidou o capitão para jantar, e tentamos arrancar dele tudo o que nos foi possível. As informações que nos deu sobre a região, porém, não foram muito satisfatórias. Disse-nos que as madeiras do lugar eram excessivamente grossas e carregadas de galhos, que as árvores de valor eram muito limitadas no seu crescimento, que, caso encontrássemos madeiras valiosas, seria enorme a dificuldade para transportá-la por uma distância não superior a meia milha até o oceano e que tal transporte nos custaria pelo menos 20 vezes o valor das árvores.

Malgrado tais opiniões, sir James fechou um contrato com o juiz da outra vila, comprando-lhe 120 paus de considerável comprimento e espessura, a um preço bastante irrisório, por um período de quatro meses. O juiz encarregar-se-ia de proceder ao corte da madeira, aparála e colocá-la na praia.

Depois de fechar, com grande facilidade, esse negócio, a única coisa que nos detinha em São Sebastião era a busca de divertimento. Decidimos que, na manhã seguinte, dia 7, sairíamos para caçar, pois tínhamos sido informados de que as montanhas abundavam de caça. Após labutarmos toda a manhã sem encontrar nada mais do que um único faisão, faisão que se encontrava demasiado distante para que pudéssemos matá-lo, retornamos para casa fatigados, com mau humor e mandando aos diabos a caça que, por estas plagas, estava bem difícil. Era quase impossível avançar mais do que cem jardas a cada quarto de hora, enfrentando arbustos e espinheiros, e com muito pouco divertimento para entreter-nos.

No dia seguinte, recebemos, de uma pessoa que nos acompanhava, uma correia desses faisões. Tais aves não se parecem muito com um galo preto, mas menos ainda com o nosso faisão. Apresentam uma cor verde muito escura, quase indistinta do preto, um largo colar de penas vermelhas brilhantes no pescoço e um tufo de penas cinzas sobre a cabeça; seu aspecto é tão selvagem quanto o aspecto das matas que habitam e o seu sabor, muito bom.

Antes de retornarmos para casa, visitamos várias das simpáticas cabanas situadas ao longo da praia e pudemos admirar o espírito industrioso dos habitantes: as mulheres sempre ocupadas com suas rendas e bordados e os homens pescando e trabalhando nos campos. Cultivam-se aqui, sobretudo, a cana-de-açúcar, o café e o tabaco. O índigo cresce espontaneamente por toda a ilha, todavia, os habitantes não chegam a manufaturá-lo. A mandioca, com a qual se faz a tapioca, a goma e a farinha de pau, é também muito cultivada.

Na parte norte da ilha há um pequeno conjunto de cabanas, quase todo ocupado por nativos da América. Esses nativos são um povo muito diferente dos descendentes de portugueses — os quais se orgulham de serem chamados *filhos da Europa* —, formado na sua maioria por escravos ou servos do governo, empregados na pesca da baleia. Durante a estação de caça, esses homens chegam a encontrar de 20 a 30 baleias, porém, como não são lá muito empenhados, raramente conseguem, segundo ouvi de alguns marinheiros ingleses dos mares do Sul que passaram por São Sebastião, matar mais de oito ou dez. Vi uma baleia debater-se sobre a água e, embora com vários arpões no corpo e aparentemente quase dominada, arrastar os botes cerca de 30 milhas mar adentro, conseguindo, por fim, escapar.

Entre os dias 8 e 26, espalhou-se pouco a pouco uma auspiciosa notícia: sir James estava constantemente ocupado nas matas, supervisionando a derrubada, o corte e a retirada de uma grande árvore que comprara, situada no topo de uma montanha, em uma parte quase inacessível da floresta. Tratei, nesse ínterim, de procurar uma casa bem agradável e, diariamente, divertir-me cavalgando pela região e indagando os nativos acerca de suas atividades. Observei que muitas pessoas do lugar dedicavam-se à feitura de canoas, em razão das quais a ilha é famosa. Quando bem cortadas, tais embarcações são bonitas e deslizam pela água com uma rapidez espantosa; o movimento executado pelos remadores confere-lhe uma graça adicional.

Freqüentemente visitei o lado oposto da ilha, diante do qual havia duas vilas em terra firme, uma denominada São Sebastião — à qual já me referi — e uma outra, Bairro, situada a uma légua para o norte. Esta vila é particularmente conhecida pela beleza de suas cerâmicas, as quais, embora de um tipo comum — uma louça de barro simples —, são com razão elogiadas pela excelente qualidade da argila e pelas formas elegantes que lhe são dadas com o uso exclusivo das mãos. Somente as mulheres trabalham nessa manufatura. Isto, no entanto, não as torna menos aplicadas às delicadas atividades de fazer renda e bordar, ambas executadas com excelência.

O governador e dois ou três padres, vez ou outra, jantaram conosco, todavia, não conseguimos obter deles nenhuma informação. O único prazer que pareciam ter era comer e beber. As mulheres do lugar andam constantemente descalças, hábito que não é apanágio das classes baixas. Em uma ocasião, convidamos o governador, o juiz, o padre e outras pessoas distintas da vila, com suas esposas e filhas, para jantar conosco. Uma das razões pelas quais não podiam vir era a falta de meias. Tratamos, então, de enviar-lhes algumas do nosso estoque e elas, longe de declinarem, mostraram-se muito satisfeitas com o presente.

Sir James, o capitão do navio de transporte, todos os marinheiros e mais 40 ou 50 trabalhadores portugueses estavam constantemente ocupados nas florestas. Sir James, a propósito, estava tão empenhado em cumprir o combinado, que nenhum problema lhe parecia insolúvel. Ele comprara uma imensa árvore, com cerca de dez pés de diâmetro, já derrubada e limpa, no topo de uma alta montanha de difícil acesso, pois o caminho era todo entrecortado por arbustos e árvores. Seu desejo era transformar a árvore num barco, construído com somente uma peça de madeira — o que seria objeto de grande curiosidade na Inglaterra —, o problema estava, contudo, em como descer a árvore até a água. Mover o toro no estado em que estava era impossível. Sir James ordenou, então, que fosse escavado, a partir do toro, uma espécie de caminho pela mata. Todos os carpinteiros que pôde encontrar foram empregados nesse e em outros trabalhos necessários para construir a tal via para a descida do toro. Foram cortadas, com este propósito, mais de 300 árvores de porte médio e consumidos dez dias para preparar tudo. Era realmente impressionante ver as imensas pedras e precipícios sobre os quais o imenso toro iria passar. Devo dizer que tinha pouca expectativa de ver todo o trabalho terminado sem a perda de algumas vidas ou a destruição do toro. Entretanto, as coisas se deram de outra maneira e, com o auxílio de bloqueios, talhas, 50 homens e quatro bois, depois de pronta a estrada e preparado o toro, a remoção até a água deu-se em dois dias.

Nada poderia ser mais agradável do que ver todos esses homens nos seus trajes pitorescos e exibindo as suas belas formas atléticas, divididos em grupos e dedicados a diferentes tarefas. Todos encantados com o seu novo mestre, tudo puxando e tudo golpeando, obrigando a mata selvagem a recuar aos gritos de "Viva Dom Diego, viva o cônsul inglês".

O caso do toro, portanto, que nos deteve uma quinzena em São Sebastião, terminou. Depois de finalmente comprovar, para espanto de todos, que o futuro barco flutuava, retiramo-nos para o navio eufóricos, na expectativa de podermos zarpar para o Rio de Janeiro no dia seguinte. Levantei-me cedo na manhã do dia 27 para assistir à transferência do bizarro toro para o navio, operação que teve lugar por volta das dez horas da manhã. Os guinchos foram todos preparados e os marinheiros estavam em regozijo, pois iriam terminar um trabalho que havia lhes proporcionado sucessivas alegrias. Arrastaram, então, o toro, cujo enorme peso causava uma considerável inclinação do navio para o lado em que tudo se passava. Conquanto alguns dos guinchos tivessem rompido, eles deram um jeito e colocaram o toro no navio em cinco minutos. O seu tamanho, porém, era tal que nada pôde fazer com que entrasse na escotilha. Fomos obrigados a acondicioná-lo no convés e a guinchar e transferir as canoas para o outro lado. O navio foi limpo e tudo ficou pronto para a partida.

Depois do café da manhã, desembarcamos para despedirmo-nos de nossos amigos. O anúncio da nossa partida causou uma tristeza geral no semblante dos pobres aldeões, que tinham desenvolvido uma afeição por nós; é tão raro um inglês dar sinal de vida por estas plagas. Logo que o sinal de levantar âncoras foi dado, sir James enviou para bordo um cavalo que comprara e entramos todos no barco, acenando com os nossos lenços para aqueles que haviam se ajuntado na praia, uns por curiosidade, outros por falta do que fazer, mas a maior parte deles pelo sentimento de sincera gratidão que experimentamos ao separarmo-nos daqueles que gostamos.

Rapidamente alcançamos o navio e, com as velas abertas, deixamos a bela ilha às três da tarde. Pilotamos com uma brisa fraca, mas soprando de proa e em direção à ilha Grande. Durante a noite, o vento mudou e a corrente tornou-se extremamente forte. Vimo-nos numa situação de extremo perigo, incapazes de deter a embarcação que era rapidamente arrastada em direção à terra. Na manhã seguinte, avançamos muito pouco, pois havia uma grossa neblina que nos impediu, durante quase todo o dia, de distinguir a ponta da Joatinga da ilha Grande. Ao meio-dia, vimos duas tartarugas e, ao entardecer, tivemos tanta sorte que acabamos por tomar um curso que nos levou às proximidades de um lugar, onde o extremo sul da ilha Grande formava uma ponta e a ponta da Joatinga, a outra. Ancoramos cerca de sete horas da noite.

Na manhã seguinte, dia 28, solicitamos ao capitão Taylor que guiasse o navio para o mais próximo possível de Vila Grande. Porém, como não havia nenhum vento, tomamos um bote e dirigimo-nos à vila. Depois de avançar lentamente durante grande parte da manhã, alcançamo-la enfim. O nosso amigo governador, que ficou muito contente em ver-nos novamente, narrou-nos as festas, touradas e exibições públicas que tiveram lugar, durante nossa ausência, em razão do casamento da infanta de Espanha com o irmão mais velho do príncipe regente. Ficamos sabendo, também, que o almirante acabara de deixar a sua propriedade predileta — situada no Peito de Abraão, na costa norte da ilha —, provavelmente com o propósito de participar das comemorações do aniversário do rei no dia 4 de junho, data que rapidamente se aproximava.

Quanto a nós, não estávamos relutantes em seguir o seu exemplo. Destarte, após encerrar todos os negócios com o governador, caminhamos mais uma vez para o bote com o intuito de retornar para o navio e iniciar os preparativos para, na manhã seguinte, numa canoa ou num bote do navio, realizar da melhor maneira possível o caminho até Sepetiba, uma pequena vila, situada a 12 léguas de Vila Grande. Aí poderíamos facilmente conseguir alguns cavalos que nos levariam ao Rio de Janeiro em um ou dois dias.

Na manhã do dia 29, resolvemos partir no maior bote que possuíamos, levando conosco somente selas, rédeas e provisões para dois dias. Remamos e navegamos o dia todo, passando através de diversos grupos de ilhas encantadoras, muitas delas cobertas com plantações de arroz e café, e repletas de árvores de vários tipos. De qualquer modo, não lamentamos, ao alcançarmos Sepetiba — o que se deu somente por volta da meia-noite —, abandonar a dolorosa situação de estar sentado durante horas num bote.

A aproximação desta pequena aldeia pela água é muito difícil, pois há uma enorme quantidade de barro na maré baixa, através do qual é preciso conduzir por cerca de um quarto de milha. A aldeia é composta por somente duas ou três cabanas, e todos os habitantes já tinham se recolhido quando a alcançamos. Uma visita tão incomum, no entanto, rapidamente despertou-os. Imediatamente, pedimos que preparassem dois cavalos para levar-nos ao Rio de Janeiro. Sir James preferia viajar durante toda a noite para não perder mais um dia na estrada.

Estava extremamente cansado e, enquanto mandavam buscar os cavalos no campo, rapidamente adormeci; quando apareceram, estava sem forças para acordar, ainda que tenha montado num cavalo que me propiciou suficiente movimento. Atravessamos um espaço de 20 milhas, consumindo grande parte da noite, quando, afortunadamente, chegamos à casa de dona Ana de Castro, casa em que o príncipe, quando vai a caminho de Santa Cruz, sempre realiza uma parada para visita e descanso. Eu continuava sonolento e os cavalos eram incapazes de dar mais um passo. Suplicamos, então, ao administrador de dona Ana que nos emprestasse duas mulas para que pudéssemos dar prosseguimento à viagem até o Rio de Janeiro.

Dona Ana foi imediatamente chamada e amavelmente vestiu-se para receber-nos, a nós, figuras bizarras ali paradas na sala de visitas. Ela preparou-nos um café da manhã e, incapaz de persuadir-nos a permanecer mais tempo em sua companhia, mesmo depois de solicitar energicamente, viu-nos montar as duas mulas preparadas pelo seu empregado. O sol acabava de despontar acima de uma das elevadas montanhas que adornam a região.

Depois desse reforço, estávamos novamente prontos para continuar a jornada. Percorremos 30 milhas de uma belíssima região e, a 30 de maio de 1810, ao meio-dia, alcançamos a nossa cidade de destino.

Este livro foi impresso nas oficinas da
DISTRIBUIDORA RECORD DE SERVIÇOS DE IMPRENSA S.A.
Rua Argentina, 171 – Rio de Janeiro, RJ
para a
EDITORA JOSÉ OLYMPIO LTDA.
em fevereiro de 2006

*

74º aniversário desta Casa de livros, fundada em 29.11.1931